イギリス契約法の
基本思想

ニコラス・J・マックブライド【原著】
Nicholas J McBride

菅 富美枝【訳】
Fumie Suga

成文堂

序文　日本の読者の皆様へ

　この度，契約法に関する私の小本が，日本の皆様にとって価値あるものと考えて頂けたことを，大変喜ばしく光栄に思います。また，翻訳のために時間を割いてくれた訳者と，それを出版して下さった株式会社成文堂書店様に，心から感謝申し上げます。

　この序文を書いている今現在，われわれ英国民は，新たな大冒険に乗り出すまで一週間足らずという時機を迎えています。2020年1月31日，連合王国はEU（ヨーロッパ連合）を脱退し，再び，独立した主権国家として，世界の中で進むべき道を模索し始めることになります。もし，すべてがうまくいけば，その大冒険における最初の関門は，連合王国と日本との自由貿易協定の締結であると思われます。

　連合王国と日本は，いずれも島国の大国であり，両国の縁は400年以上も昔に遡ることができます。1600年，オランダ船「ホープ（Hoope）」（オランダ語で「希望」の意味）に乗って，ウィリアム・アダムズが日本に上陸しました。こうした歴史を考えれば，連合王国が，乗り出したばかりの新しい冒険の中で，日本を最初の貿易相手国にしたいと望むことは，まさに的を射た発想です。

　私の望みは，この翻訳本が，日本の読者の皆様がイギリスの契約法を理解する手助けとなることです。この契約法によって，連合王国は，その長い伝統において，事業と商業の中心地として君臨してきました。この翻訳本が，この二つの偉大な国を，深く，永く，そして安定的に結びつける役割をいくらかでも果たしてくれることを願っています。

2020年1月吉日
ニコラス・J・マックブライド

訳者はしがき

　訳者が本書に最初に出会ったのは，2018年9月，オックスフォード大学シェルドニアンシアター前に位置する専門書店内である。2000年に学生としてオックスフォードに来て以来，渡英の度にこの書店に立ち寄ってきた。この日も帰国を翌日に控え，短時間ながらも何か秋学期の講義のヒントになるものはないかと，いつもの書棚を訪れた。新入生のために用意されたのか，分厚い契約法の教科書が棚のほとんどを占める中，とてもコンパクトで可愛らしい装丁の本を見つけ，直感的に手に取った。それが，本書である。

　目次を見るなり，最初の章が「市場」，次章が「リスク」，さらに続く章が「良心」と，契約法の教科書としては，あまりに斬新な章立てに驚くとともに，心が湧いた。まさに，経済学部で長年民法学を教えてきた訳者にとって，イギリス契約法を紹介するのに最適な教材だと感じたのである。さらには，大学院で担当している「法と経済学」のセミナーにも活かせるものであるように思い，すぐさま購入を決めた。

　書店を出るや否や，近くの大学教会（1252年創設）内カフェにて，本文を読み始めた。最初は，あくまで比較法の対象としての，外国法としてのイギリス契約法の概略を学生に伝えるものとして捉えていたが，読み進めるうちに，契約法の役割を根本から再認識させてくれる書物であることに気づいた。まさに本書は，イギリス契約法の学習に留まらず，わが国の民法，特に改正債権法を学生に教授するにあたって，極めて重要な視点を与えてくれるものであると感じた。さらに，「良心」に関する章は，従来されてきたような，イギリス法の特徴として（やや誇張されて）紹介されるエクイティの歴史的な話を超えて，現代社会における消費者法問題について，中でも，人々の脆弱性につけ込んで搾取を図る「つけこみ型」事案について，解決の糸口となりうる示唆を様々に与えてくれるものと感じた。扱われている判例として，古典的なものから2016年のものまでが幅広く収められている点も，目を惹いた。

　翻訳の必要性を強く感じ，帰国直後，かねてよりお世話になっている株式会社成文堂編集部飯村晃弘氏に連絡をとり，出版に向けて相談させて頂いた。すぐに前向きなご返事を下さり，翻訳刊行に向けた諸手続きを進めて下さった。この場をお借りして，厚くお礼を申し上げたい。

　また，原著者のニコラス・マックブライド教授（ケンブリッジ大学）については，それまで直接の面識はなかったが，訳者にとって同窓の先輩にあたることがわかり，共通の友人であるミンディ・チェン＝ウィスハート教授（オックスフォード大学）が快く紹介の労をとって下さった。また，マックブライド教授が学生時代に師事し，原著の謝辞にも挙げられていた方が，訳者も在外研究中にお世話になっていたヒュー・コリンズ教授（元オックスフォード大学，現ロンドン大学）であることも判明した。このように，様々なご縁に支えられての出版となった。

　翻訳にあたっては，主に読者として，これまでイギリス契約法や，イギリス法自体に触れたことのない学部生を念頭に置き，なるべく平易な言葉遣い，日本語のニュアンスに惹きつけた言い回しを心掛けたつもりである。また，見た目のわかり易さから，原著に多用されているイタリック書体を，翻訳本の中では，強調のために用いられている際には「傍点」で表記し，用語の紹介として用いられている場合には「ゴシック体」で表記するよう，区別した。原語表記については初出の人名のみとし，（訳者によっては訳出に相違があるかもしれないが）用語については原則として省略し，日本語読み物としての読み易さを重視した。さらに，原著では一つの段落で記述されているものを，初学者に読みやすくするために改行し，複数の段落にした箇所もある。その他，なるべく原著の有するカジュアルな雰囲気を保持するよう努めたつもりである。

　出版に先立つ2020年3月には，ロンドンにてマックブライド教授と直接お会いして，様々に議論をさせて頂く予定であった。その予定は，残念ながら新型コロナウィルス感染拡大の影響で延期となったが，本書が様々なご支援とご縁に支えられたものであることは変わらない。日本語として拙い部分が多く，改善の余地が大いにあるとは思われるが，本書の学習を通して，日本民法を勉強している学生の皆さんが，「市場の機能を支える」という，市場

社会の基盤としての契約法の役割を再認識する機会となるとすれば，望外の喜びである。

　最後に，本書の表紙には，訳者が20年にわたりイギリスでの研究を続けるにあたって，私的に様々な支援を受けた故アン・マルフォード・ピアース元NHS看護師による手作りのビーズ作品を用いさせて頂いた。生前のご厚意に心から感謝するとともに，この場をお借りして，ご冥福をお祈りしたい。

2020年 9 月吉日

訳者

〔注記〕

本書は，JSPS 科研費19K01403「消費者脆弱性の制御をめぐる比較法政策学的研究―脆弱な消費者を包摂する法制度」による研究成果の一部である。

目　次

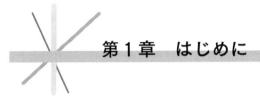

第1章　はじめに

　本書は，イギリス契約法に関する小本である。ここで，契約法が何を指す
かについては，さしあたり，人が他人と法的拘束力のある引き受けを結ぶこ
とを可能にする制度，とでもしておこう。本書の目的は，読者が，契約法は
どのように機能するのか，また，どうしてそのように機能しているのかにつ
いて納得できるよう，その手助けとなるようないくつかの主要な考え方を紹
介することにある。第2章では，人々が互いに商品やサービスをやりとりす
るために交換や取引を行う場合，そうした交換や取引を支えるために，契約
法がどのように微調整をおこなっているかを説明する。第3章では，契約法
はどのようにして，契約関係に入ることに伴うリスク——つまり，締結した
契約が後になって当事者の一方にとって不利な取引になる可能性があること
——を管理しているかについて説明する。第4章では，契約またはその中の
一部の条項が不公正であったり，「非良心的」であるとして，裁判所が当該
契約または当該条項の執行を拒絶するのはどのような場合かについてみてい
く。第5章では，市場で取引できるものの限界や，その帰結として，人々が
互いに締結できる契約の限界について議論する。そして，第6章では，契約
法と贈与に関する法の相互作用について，特に，なんら見返りのないままに
なされた約束が法的に拘束力を有するようになるのはいつか，についてみて
いく。

　ジョン・メイナード・ケインズ（John Maynard Keynes）の有名な言葉に
あるように，「経済学者や政治哲学者の考えは，それらが正しい場合も誤っ
ている場合も，一般に考えられているよりもはるかに強力である。実際，世
界を支配しているのは，それら以外にはないと言えるほどである。自分は現
実的であって，どのような思想からも影響を受けていないと信じている者

も，たいていは，亡き経済学者の奴隷なのである。」(Keynes 1936年，第24章)*。契約法の場合には，われわれはあまりにも長い間，フランスの法律家であるロバート・ジョセフ・ポティエ（Robert Joseph Pothier: 1699年から1772年）の思想と彼の1761年の著作である『債務論（Traite des obligations)』の奴隷であった。イギリス法ではなく，フランス法についての論述であるにもかかわらず，契約法についてのポティエの考え方——特に，「契約法の意思理論」とよばれる学説：この学説によると，契約法とは，合意が法的拘束力を有するように，との当事者の意思に効力を与えるために存在する——が19世紀のイギリスの契約法学者たちを虜にしてきた主な理由は，彼らがこれ以外に優れた見解を思いつけなかったためにすぎないように思われる（契約法に関するイギリスの学者たちの間でのポティエの見解の受けとめ方については，スウェイン（Swain）の2015年の論文，148-52頁，172-200頁，264-65頁を参照のこと）。本書は，ポティエを焼き直した見解よりもましなもの，つまり，イギリス契約法の詳細や特徴をもっと正当に評価できるものを提供することによって，読者が契約法を最もよく理解し，最もよく評価できるよう，そして十分な情報を得た上で，読者がイギリス契約法の未来はどのようなものであるべきかについて各自の意見を最もよく展開できるようにするための，一つの試みである。

＊以下，本文中で引用される書籍や論文の詳細なレファレンスについては，巻末の引用文献一覧表を参照のこと。

［訳者注］以下，日本の読者のよりよい理解のために必要と考えた限りにおいて，原文を補ったり，文字体裁，改行等を整えた点があることについて，あらかじめ御了承願いたい。

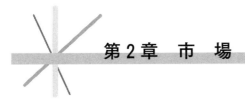

第2章　市　場

　本章では，非常にシンプルな考え方——われわれが契約法をもつ理由は，契約法が，合法的に取引しうるものであれば何でも取引できる場としての市場の働きを，秩序づける役割を果たしていることにある，という見解——を提示したい。

1．技巧的な信頼

　ミーゼスによれば，市場が存在するためには，二つの事柄が必要である（Mises, 1949年，238頁）。第一に，誰一人として，自分が生きるのに必要なもののすべてを生み出すことはできないということ——つまり，生存のために，人々は互いに取引をしなければならないということ——である。第二に，人々は，①有益なものが生産される手段に対する法的支配の保障（言い換えると，私的所有）と，そうした手段によって産み出されたものに対する法的支配，そして，②そうした法的支配を互いに譲渡できる可能性を享有できる必要があるということである。これによって，人々は互いに取引することが可能となり，その結果，あなたにとって，私のリンゴに対して法的支配をもつことが，あなたがあなたのオレンジに対して現に有している法的支配よりも有益であり，なおかつ，私にとっても，あなたのオレンジに対して法的支配を有することは，現に私が私のリンゴに対して法的支配を持っているよりも有益だろうと思われるならば，われわれは相互に利益となる取引——私のリンゴとあなたのオレンジを交換する——を結ぶのである。

　しかしながら，取引するとすれば，われわれはたいていの場合，第三の要素を必要とするであろう。つまり，われわれは，あたかも他人を信じている

かのように行動することができる必要があるということである。あたかも相手を信じているかのように行動できることを,「技巧的な信頼」とよぶ(Galanter (1998),806頁やPutnam (2000),147頁にならって,Crossはこうした信頼を「認知的信頼」と呼んでいる 2005年)。長く認められてきたように(たとえばHobbes (1651),XIV)やHume (1738),3.2.5.8)),技巧的信頼という第三の要素がないならば,互いに取引を行うという人々の可能性は大いに減じられてしまう。人々は,代金を今払うので後で商品を送ってくれといったり,商品は今送るが後で代金が支払われるのを期待するといったように,交換をずらすことができなくなるであろう。私が自分の義務を履行した後,相手は自分をがっかりさせないとあたかも相手を信じることができなければ,こうしたことをわれわれは行うことはできなくなるのである。したがって,私があなたから車を1千ポンドで購入したいと思っているとき,自分側の義務を履行しても期待を裏切られることはないと信じていなくても取引をうまくいかせるためには,あなたが車の鍵を私に渡すまさにその瞬間に,私もあなたに1000ポンドを渡すという方法をとるしかないであろう。しかしながら,もしあなたが私にあなたの車を50ポンドで洗って欲しいと望む場合,既述した第三の要素がなければ,そうした交換は実現不可能であろう。なぜなら,(先ほどの例とは異なり)洗車の瞬間に50ポンドと取り替えるということはできないからである。必ずどちらかが先に義務を履行し,期待を裏切られるかもしれないというリスクを負うしかないのである。

　同じことが,デビッド・ヒューム(David Hume)の出した,農夫Aと農夫Bの例として,自分だけでは熟したトウモロコシの収穫をすることができず,互いの手伝いを必要とするというサービス取引の例にもあてはまる。農夫Bのトウモロコシが刈入れ時になった場合に農夫Aが収穫を手伝い,そのお返しに農夫Bも農夫Aに対して同じことをするというように,自分たちのサービスを取引することはA,B双方にとって意味のあることである。しかし,もし農夫Aも農夫Bも互いを信じているかのように行動できないとすれば,そうした取引を結ぶことは不可能である。こうした取引においては,必ずどちらかが先に義務を履行せざるをえず,相手が義務を果たす番になった時に自分の期待を裏切らないことを望むしかないからである。

　契約法が登場するのは，まさにここである。契約法は，互いに結んだ約束に法的拘束力を持たせることによって，人々が市場において，あたかも互いを信じているかのように行動することを可能にする。その結果，支払いは月末に行うと約束してAがBにある商品を注文したとすれば，BはAに対して掛けで（*on credit*）（ラテン語で「信じている」という語源をもつ）商品を売ることができる。なぜなら，Bは，月末にAが自分に支払うという約束は法的に執行可能であることを知っているからである。つまり，もしAがBの期待を裏切って支払いを怠ったとしても，Bは依然として，Aから約束通りの金額を回収することができるのである。Bは，実際にAが支払うことを信じている必要はない。もし本当にBがAを信じているなら，Aの約束が法的拘束力をもつかどうかなど気にする必要はないであろう。掛けでAに商品を売れるようにするために，Bがしなければならないことは，Aが支払うことをあたかも信じているかのように行動するということだけである。契約法は，Bがそうした行動をとれることを可能にしているし，可能にすることを目指している。法歴史学者のブライアン・シンプソン（Brian Simpson）が述べているように，「契約法が有する非常に重要な機能とは，信用，すなわち，金銭的信用を可能にすることである」（Simpson（1975），281頁）。より一般的な言い方をすれば，「大規模で，よく機能した市場は，法の助力なくして発達することは『できない』」。そして，契約法は，契約当事者たちに，約束が実行されるだろうとあたかも信じているかのように行動することを，取引という形で可能にすることによって，「市場を強化し拡大させている」のである（Oman（2016），35-6頁。2012年の著作も参照）。別の言い方をすれば，契約法は，市場において，人々の間に技巧的な信頼を培うことによって，商品やサービスの交換を促進するために存在しているのである。

2．イギリス契約法の特徴

　市場において契約当事者の間に技巧的な信頼を作り出す，という契約法の役割は，他の様々なイギリス契約法の特徴について，われわれに説明を与えてくれる。

（1）約因法理

　約因法理とは，非常に簡単に言ってしまうと，法の目から見て何らかの価値のあるものが与えられたときのみ，その約束は契約として拘束力をもつ，というものである。（ただし，約束の中には，何ら見返りがなくとも（「無償の約束」とよばれる），法的に拘束力をもつものもあるが，これについては，約因についてより詳しく解説する第6章で扱う）。すぐさまここに，契約法と市場との関係を見出すことができよう。約因法理によれば，約束とは，それに対して見返りが与えられたときにのみ，契約上の拘束力を有するのである。実際のところ，これから述べる二つの約束は，通常，「約因によって支えられている」と言われるであろうし，それゆえに契約的な拘束力を有する。

　最初のタイプの約束は，誰かが特定の事柄をすることに対して，見返りを与えるというものである。その結果，人はそのように行為するよう動機づけられる。したがって，たとえば，もし私があなたに，自分の車を洗ってくれたら100ポンド払おうと約束し，あなたはその約束に動機づけられて車を洗ったとしたなら，あなたに100ポンド払うという私の約束は，契約的に拘束力を有するようになるのである。つまり，あなたが私の車を洗うことによって，約束に拘束力を持たせるために必要な約因を提供していたことになるのである（ここで，法的に拘束力を有するために，私の約束が書面による必要はなく，その他のなんの形式性も必要ないことに注意してほしい。「口だけの契約など，それが書かれた紙の値打ちにも及ばない」といった冗談は，本当に冗談である）。

　第二のタイプの約束は，合意の一部をなしている。まさにこの合意のもとに，両当事者は，互いのために何かをすることを約束し合うのである。すなわち，合意のもとになされる約束は，相手方がした約束に対して約因を提供することの約束と，逆もまた然りとして，自分がした約束に対して相手方が約因を提供することの約束双方によって，通常，契約上の拘束力をもつようになるのである。両当事者によって合意に達した契約は，「**双方的** *(bilateral)* 契約」といわれる。なぜなら，両当事者が，他方に約束した事柄を履行するよう契約的に拘束されるからである。これと対称的なのは，あなたに100ポンド払うという私の約束に対する見返りとして，あなたが既に私の車を洗っ

てくれた場合である。こうした場合においては，一方だけ（つまり，ここでは私だけ）が他方（つまり，ここではあなた）のために何かをするということに法的に拘束されている。このとき法律家は，「**一方的**（*unilateral*）**契約**」が存在していると呼ぶ。

　長く問題とされてきたのは，双方契約が未履行の場合にも約因を認めるべきか，という点である。たとえば，私とあなたの間で，私があなたに月末までに部品1000ウィジット（想像上の取引単位）を送付することを約束し，あなたが私にそれが届いたときに1ウィジットあたり500ポンド支払うことを約束するということで，合意に達したとする。だが，両者とも，自分側の約束を履行していないとしよう。こうした場合に問われてきたのは（Atiya (1990)，22-25，167-70，191-2頁参照），どちらも相手の約束を信頼したうえでの行動をとっておらず，さらに，一方は契約が締結されてわずか5分後に合意から逃げようと試みるかもしれない場合であっても，なぜ法は，われわれが互いの約束に拘束されていると言わねばならないのかであった。しかしながら，もし双方的契約が，締結されるとすぐに法的拘束力を有するというものでなかったとしたら，契約法の有する，市場の秩序ある作用の円滑化という使命が果たせなくなることは，容易に見てとれよう。合意が自動的に拘束力を有するわけではないにもかかわらず，拘束力があるといえる前に合意を信頼しなければならず，あるいは，履行の一部を行わなければならないような世界においては，鉛筆のように最もシンプルな商品の生産に向かって契約の輪がつながっている場合でさえ，そのうちの誰かが，後になって自分にとって不利になるように思えてきた契約から撤退する権利があると言い始めれば，そうした輪は切れてしまう危険性に晒されているのである（Rudden (1989)，84-89頁参照）。

（2）客観性

　契約法における客観性の原則とは，私があなたと契約関係に入るとき，私は，行うと約束しようと契約締結時に意図していたことに拘束されるのではなく，私が約束しようとしていると締結時にあなたを合理的に印象づけたことに拘束される，というものである。より一般的にいえば，「条項 x は，私

があなたと締結した契約の内容にはならない。なぜなら，私はそれに同意するつもりなど，まったくなかったからだ」と主張することは認められないということである。もし，私があなたに，条項 x を契約の一部とすることに同意しているとの印象を合理的に与えたならば，通常，私はその条項に拘束されるのである。ここでも，もし客観性の原則に効力が与えられないとしたら，契約法は，市場が秩序をもって機能する一助となるという使命を果たせないことがわかるであろう。あなたが条項 x，y，z について私と取引を行ったと合理的に考えているとき，もし私が，そのうちの一つの条項については契約内容とすることに同意する意図が一切なかったので拘束されないといつでも言えるとしたら，あなたは，私がこれらの条項を固く守ると信じているかのようにふるまうことはできなくなってしまうからである。

　ただし，契約条項を決定するにあたって，客観性の原則には二つの限界があることを言わねばなるまい。第 1 に，条項 x が契約内容の一部となると主張できる場合とは，私が条項 x を契約内容とすることに同意しているとあなたが合理的に信じていたときのみである。もし，私がこの条項には同意していないことを，はじめからあなたが知っていたなら，たとえ合理的な第三者がわれわれの交渉を観察していて，契約内容の一部となるのだと結論づけたとしても，条項 x は契約内容にならないのである。たとえば，*Hartog v Colin & Shields* [1939] 3 All ER 533 判決において，被告は，3 万枚ものウサギの革を原告に売ることを提案した。被告は，1 枚につき10ペンスと申し込んだ。つまり，ウサギの革 1 枚につき10ペンスであり，合計金額3000ポンドであった。次の交渉の中で，被告はうっかりウサギの革を 1 ポンドごとに10ペンスで売ると申し込んでしまった。ウサギの革は 3 枚で重量 1 ポンドとなることから，これにより合計金額1000ポンドの申込みとなってしまった。原告はすぐさま，この素晴らしく寛大な申し込みを承諾し，被告にこの取引を守らせようと試みた。控訴院裁判所は，原告の主張は認められないと判示した。なぜなら，原告は，被告がウサギの革 1 ポンドあたり10ペンスで売るということに合意しているとは，一度も真剣に信じたことはなかったからである。

　第 2 に，両当事者が合意に達したと考えていたが，何を合意したのかにつ

いて異なる見解を持っており，しかもそのどちらもが合理的な考えだったとしたら，どうなるだろうか。議論の余地はあるかもしれないが，*Raffles v Wichelhaus*（1864）2 H&C 906 判決は，まさにそうした事案であった。本事案における契約は，125ベールの綿を重さ1ポンドあたり17ペンスで売買するというものであった。綿は，「ボンベイからのピアレス渡し」でリバプールに到着することになっていた。つまり，ボンベイからやってくるピアレス号という船の上で引き渡しという意味であった。ところが，あいにく似たような船が2隻あった。ひとつはボンベイを1862年10月に出帆した船で，1863年2月にリバプールに到着した。売主は，同一名を有するこの船を，1862年12月にボンベイを出帆してリバプールに1863年4月に到着した船だと思っていた。買主が1863年2月に桟橋にやってきて，「彼」のピアレスから積み荷の綿が上がってくるのを発見することができなかったとき，何が起こったのかは知られていない。買主は，かなりほっとしていたかもしれない。というのも，綿の時価は重さ1ポンドあたり16ペンスとなっており，それを17ペンスで購入するという引き受けは，不利な取引であったからである（Baird，2013年，9頁参照）。だが，4月にピアレスが到着し，売主が125ベールの綿を荷揚げしたところ，買主が来ないことを知り，何が起こったのかは知られている。売主は，当初の価格で購入せよ，と買主を訴えたのである。それに対して買主は，自分は2月に到着したピアレスに積まれた綿を購入することを期待していたのであるから支払う必要はない，と主張した。決定的な結論は出なかった。売主は，買主がどちらのピアレスに綿が載っていると信じているかは買主の責任に一切関係ない，と主張した。だが，裁判所は，買主の主張を容認した上で，事件を審理に送ったのである（その結果，意見を付さずに被告勝訴の判決が出された〔訳者補充〕）。しかしながら，多くの学説の立場は，*Raffles* 事件には契約が存在しなかった，というものである。つまり，両当事者とも自分たちが何を合意したのかについて異なる見解を有しており，いずれの見解も，ピアレスという名前の船が2隻ありいずれもボンベイから航行してきたという事実に照らして，等しく合理的であるからである。

（3）厳格責任

　契約責任は，通常は厳格責任をとっているという意味で，ふつうではない。つまり，契約によってxを引き受けた契約当事者は，xを履行できなかった理由が彼の過失によるものでないと立証しても，責任を免れることができないのである。たとえば，2015年消費者権利法第9条は，消費者が事業者から商品を購入する場合の契約には，当該商品は「十分な質」を備えているとする条項が含まれているものとして扱われることを規定している。したがって，あなたがディーラーから車を購入したとして，それが欠陥車であることが判明した場合，あなたはディーラーに対して，他の車に代えてもらうか，購入代金を返してもらうか，他のディーラーから同等の車を購入するための費用を賠償してもらうか，を要求することができる。そして，あなたがどの救済を選択しようとも，ディーラーは，「その車に欠陥があったことは，私の過失ではない！　製造業者の責任だ！」と反論することは，決して認められないのである。

　ここでも，市場の観点から契約法を分析する見解は，説得的であることがわかる。もし，車の購入を検討している消費者に対して法が与えられるのが，欠陥がディーラーの過失によるものである場合には訴えることができるという安心のみだとしたら，消費者は，ディーラーが自分に「十分な質」を備えた車——それが消費者の求める全てなのだが——を売ってくれるだろうと信頼して行動することは難しい。欠陥車であることが判明した場合にはいつでもディーラーを訴えることができると確信できるときのみ，車の購入を迷っている消費者を安心させることができるのである。

　しかしながら，契約法における厳格責任には限界がある。患者の治癒を保証する医者は愚かであろうし，消費者のために仕事を行うというビジネス契約の事案においても，法にできるのは，せいぜい，事業者に対して「合理的な注意と技量をもってサービス提供にあたる」よう要請することだけだからである（2015年消費者権利法，第49条参照）。さらに，本書第3章で論じるように，状況の変化によって，契約当事者の一方が履行をおこなうことが不可能，あるいは履行が困難な事態となったことを理由に，契約の不履行責任を免れる場合も少なからずある。

（4）標準書式契約

契約の99％が，標準書式契約——つまり，契約条項を並べ立てた標準書式を，AがBに対して「そのまま無条件に受け入れるかやめるか」方式で提示した結果，Bが「受け入れる」という選択をするという流れで形成される契約——であると推計されている（Zamir（2013），2096頁）。（店舗やインターネットで商品を購入する場合，あなたは売主と標準形式契約を有効に締結している）。

とはいえ，これはAがBとの間の契約条項を完全に掌握するまでに至っているということを意味しているわけではない。客観性の原則の下では，Aは，自分が提示した標準書式に，Bにとって非常に過酷であり，Bが気づいたならば驚愕するであろうと思われる条項が入り込んでいた場合，それにBが同意していると合理的に信じたとは言えまい。したがって，そうした条項は，同意する前にAがBの注意を喚起する努力を合理的に行ったと主張できない限り（*Thornton v Shoe Lane Parking Co* [1971] 2 QB 163），あるいは，BがAの標準書式に署名するだけで何もせず，何が書かれているかにかかわらずAの標準条項のす・べ・て・に同意するかのようにAを思わせたのでなければ（*L'Estrange v F Graucob Ltd* [1934] 2 KB 394），AB間の契約内容とはならない。こうした場合であれば，Bが負担の重い条項に合意していると合理的に考えていたとAが主張することは，ずっともっともらしく聞こえよう。しかしながら，自分の契約条項に私を同意させられる立場にあるということは，あなたには明らかに，契約条項を指図できるような広範な裁量が与えられている。「特別に負担が多かったり，異例である」（*Interfoto Picture Libarry v Stiletto Visual Programme* [1989] QB 433, 437）とみなされなるようなものでない限り，あなたは，私がその特定の条項に同意していると合理的に信じたと主張でき・ることから，あなたの標準書式のいずれの条項も，自動的に契約条項になってしまうのである。

現代社会における契約が圧倒的に標準書式の形をとっているという事実は，契約法についての道徳的理解に大きな疑問を投げかける（Fried（2015）やSmith（2004）を参照）。この立場は，契約法とは，約束を守るという道徳的義務に法的効力を与えることだと考えている。だが，取引に際して，あな

たによって作られた——そして，私がほとんど見たことのないような——書式に示された条項に，単にあなたがこれらの条件で取引することを望んでいると暗に私に示したという理由だけで，私が縛られなければならないというのは，いかなる道徳が私に命じているというのか？　しかしながら，契約法の存在理由が，市場の秩序ある作用の円滑化にあることに目を向けるとき，標準書式契約に対して，それが客観性原則からくる制約に服している限り，契約法が効力を与えたがっていることにも，容易に説明がつくのである。実際，契約法がそうであってくれないと，現代の経済取引は，たちまち立ち行かなくなる。たとえば，事業者と取引する際，もしも，消費者は明白に同意した条項にだけ拘束されるという立場がとられたとしたら，悲惨な結果が生じよう。イアン・マクニール（Ian Macneil）が述べたように，「空港での惨事を想像してみよ。ピークやラッシュ時でなくとも，もしも飛行機会社が自分たちの契約条項がきちんと拘束力を有するよう，個々の乗客に航空券に関わるすべての契約条項を読むよう，もっとひどいのは，読んで理解するよう主張したとしたら，どんなことになるか！」（Macneil（1984），6頁）。

（5）救済措置

　契約違反に対する救済措置は，たいていの場合，契約違反をされた被害者に対して，その契約が適切に履行されていたならば受けられたはずのものと同等の金額を得られるように設計されている。法律家はこれを，「**期待測定型救済**」，または，「**期待利益を保護する救済**」と呼んでいる（Fuller 及び Perdue によって1936年に紹介された用語を参照）。主要なものは，**金銭債務訴訟**である。ウィアー（Weir）（1986年）によれば，契約違反に対する救済の主張の90％が金銭債務に対するものである。つまり，AB 間の契約上 B が負っていると A が主張する金銭の支払いを求めて，A が B を訴えるものである。第二に主要なものは，「あたかも契約が履行されたかのような状況に A を置けるよう」に A が B に相等の金額による賠償を求めて訴える，**損害賠償請求訴訟**である（*Robinson v Harman*（1848）1 Exch 850, 855 *per* Parke B）。かなり稀な救済手段としては，契約違反をした者に契約上すべきであったことをまさに行うよう命じる**特定履行**がある。これは，契約違反をされた被害

者に損害賠償を行うだけでは,「十分な救済」とはならないだろうと考えられる場合に限られている。たとえば,被害者が契約違反者から通常の市場では得られないような特殊な商品について取引していたような場合である。

　特定履行が稀であることについて,契約法が,契約違反の被害者のために取引したものを確保するということに真剣に向き合っていないことを示唆している,と捉える者もいる。しかしながら,逆に,こうした見解を真剣に捉えることも困難である。というのも,特定履行が稀であることは,損害賠償支払い命令に比べて,特定履行による救済は,人身の自由に対する深刻な侵害に相当するからという理由で容易に説明がつく。これは,単に,特定の行動をせよと命じることが,金銭を払えと命じることよりも制約が強いということだけではない(これは、人々が地元の慈善団体のために時間をさいてボランティア活動をするよりも募金を選ぶ理由であるが)。それだけではなく,特定履行命令への違反は裁判所に対する侮辱行為に相当し,禁固刑として処罰が可能だからである。特定履行命令は,単なる契約違反を犯罪にしてしまう可能性があるということである。

　また,司法制度にとっても,特定履行命令は,適切に守られたか否かに関する将来の紛争を調整し,命令に背いた契約当事者に対処するという点で,負担が大きい。もしも損害賠償が契約違反による被害者の利益を保護するのに「十分な救済」となりうるなら,そうした余分な仕事に司法制度が関与することを裁判所が拒否するであろうことは,まさにもっともである。さらには,特定履行命令を得て,違反した場合の懲罰的な制裁の可能性によって契約違反者の頭上に命令を保持できることは,命令を失効させる見返りとして過大な金銭を違反者から巻き上げる,という不愉快な機会を様々にうみだしてしまう。ここでも,裁判所は,損害賠償が契約違反による被害者の利益の保護にとって「十分な救済」となるなら,そういった巻き上げの機会を作り出すようなことはしないであろうことは,きわめてもっともである。

　金銭債務,損害賠償,特定履行といった期待測定型救済措置の存在理由についても,本章で論じてきた契約法の捉え方によって,容易に説明できる。取引したものそのものか,あるいは,金銭的に同等のものか,いずれにせよどちらかを得られるという安心感を保障することによって,あなたは,あた

かも相手方が商品やサービスを交換することを信じているかのように行動することが可能となるのである。期待測定型救済措置に至らない場合には，契約違反に対する標準的な救済方法としては，もし商品やサービスを受けるより先に前払いで支払っていたとしたら，金銭の返還を訴えることができるということになる。しかし，こうした救済措置でさえ，市場における取引者たちの技巧的な信頼の創出を容易にしていると捉えることができる。つまり，万一約束した反対債務の履行が実現しなかったとしても，自分は返金を受けることはできるというある種の安心をもてるとしたら，あなたはより進んで，将来の反対債務を今，履行するだろうからである。

　契約違反に対する，期待測定型救済措置とは考えられない救済法として，**懲罰的損害賠償**がある。だが，これは英国においては認められていない（*Addis v Gramophone Co Ltd* [1909] AC 488）ということを強調しておかなければならない。懲罰的損害賠償とは，契約違反者を罰することを目的とした損害賠償である。こうした損害賠償が認められないことは，市場の秩序ある作用の円滑化に不必要である，ということで説明がつくかもしれない。しかしながら，産業界に広くシステマティックに契約違反が行われている証拠があるとすれば，そうした契約違反に関わった事業者に対して懲罰的損害賠償を課すことも，そうした違法事業者と契約を結ぶ人々の間に技巧的な信頼を修復するためという意味で，正当化しうる。このように考えるとき，カナダの最高裁判所が，事故により焼失した住宅に対して住宅保険金の支払いを故意に行わなかった保険会社に対して，見せしめ的な損害賠償を課すことに積極的だったことにも，うなづけよう（*Whiten v Pilot Insurance Co* [2002] 1 SCR 595）。

3．契約法に対する不信

　本章で展開してきた契約法の理論的正当性は，実証研究によって損なわれるかもしれない。マコーレー（Macaulay）の著作（1963年）とバーンスタイン（Bernstein）の著作（1992年と2001年）によれば，事業者は，他の事業者に対応するにあたり，契約法あるいは契約法の専門家に頼りたくないとのこ

とである。スチュアート・マーコレー（Stewart Macaulay）によるビジネス契約の現場における有力な調査によれば，取引をおこなうにあたり，「ビジネスマンは，短い手紙における『人の言葉』，握手，『日常の親切さや礼儀正しさ』に頼る方を好むことが多い。相当の深刻なリスクを伴う取引においてすら，そうである。」とされる（Macaulay（1963），58頁）。そして，ビジネス関係の中で持ち上がってきた問題の処理にあたって，解決のために事業者が最後までしたがらないのは，契約法の専門家への依頼，契約条項の言及である。マーコレーの調査の中のビジネスマンの言葉であるが，「もし，もう一度ビジネスをしたいと思うなら，法律尊重主義の契約条項なんて互いに読まない。ビジネスの世界に留まりたいと思うなら，人は礼儀正しくふるまわなければならないから，法律家に駆け寄ったりはしない。」。また，別のビジネスマンは，「法律家と会計士を遠ざけておけば，どんな問題も解決できる。彼らは，ビジネスの世界でギヴ・アンド・テイクが求められていることを，全く理解していない。」と述べている（いずれも，Macaulay（1963），61頁からの引用）。

　これらの調査から，市場が効率的に機能するために契約法が必要とされているようには見えず，むしろ契約法は，市場の秩序ある作用の円滑化のために存在していないことを示していると捉える見解もあるかもしれない。だが，こうした見解は，非論理的だと思われる。どのような市場であっても，取引者たちの間に技巧的な信頼を生み出す何かが必要だからである。リサ・バーンスタイン（Lisa Bernstein）が行った産業界調査では，業種団体のメンバーであること，業界規範に従うことがメンバーシップの条件であり，業種団体が設置した特別な裁判所で紛争を解決することを含んでいる。取り扱われている対象が違法物であるという性質上，契約法の外で行われる「闇サイト」（通常のブラウザからはアクセスできないインターネットサイトのこと）における取引の場合には，ユーザーのレビューにおける積極的な評価が不可欠である。eBayのように正当なプラット・フォームについても，同じことがいえる。そこでは，取引の量的にも，取引している者の性質的にも，紛争解決のために契約法に頼ることは経済的とはいえないであろう。このように，市場における行為者の間に技巧的な信頼が存在する必要性は，常に存在してい

る。そして，契約法は，市場に技巧的な信頼の存在を醸成しようとする法の試みであるとみることが可能であり，そうあるべきである。人々は，自分たちと取引相手との間に技巧的な信頼を確立するための基盤として，技巧的信頼を生み出すために他の戦略をとっていて，契約法を頼りにしてはないかもしれない。だが，結局のところ，このことをもって，いかなる意味においても契約法は市場における取引者の間に技巧的な信頼を醸成する役割は果たしていない，とまでは言えないのである。ネイサン・オマーン（Nathan Oman）によれば，「市場は，自然発生的ではありえない。しかし，市場は法に存在せよとは要求しない。インフォーマルで非合法的な市場すら横行していることが，この事実を証明している。しかしながら，契約法は，市場を強化し深めることができる。日和見主義を制限し，取引費用を低減し，道徳的な態度を植え付けることによって，契約法は，見知らぬ人同士の交換を行いやすくし，可能にするのである」（Oman (2012), 204頁）。

　しかしながら，マーコレー等の調査によって，他人と取引をしたり，二人の間で相互になされた合意に効力を与える過程で生じた問題を解決する上で，だれも契約法を考慮に入れたくないと思っているならば，契約法は，ほとんど定義上，市場において取引者の間に技巧的な信頼を生み出すという使命に失敗しているのではないかという懸念が生じてしまった。こうした見解において，契約法は，自分のチームのためにプレイすることはないが，決して使ってもらえないながらもいつもベンチ入りしている補欠のサッカー選手のようである。

　チームのために働ける技量はもっているものの，他のチームメイトに優先して使ってもらえるほどの働きをチームに与えることはできないのである。契約法についてのこうした見解は，マックニールの先駆的研究である「関係的」契約理論（特に，Macneil (1974)）を発展させたヒュー・コリンズ（Hugh Collins）によって，契約法は，取引の有する様々な側面に寄り添うものであるとして，好意的に取り上げられている。第一に，取引のフォーマルな側面である。つまり，契約条項を明らかにしておこうという当事者の試みである。第二に，取引の経済的な側面である。つまり，その取引から当事者が得たいと思っているものである。第三に，取引の関係的側面である。つま

り，取引は当事者間に存在する継続的なビジネス関係に基づくものである場合が多く，契約法のフォーマルな側面や経済的側面を過度に強調することによって危機にさらされるかもしれないという事実である（Collins (1999)，128-32頁）。市場取引者間の紛争を解決する際，契約法がより柔軟であるとすれば，――つまり，あるときは，両当事者を取引の明示条項（the explicit terms：当事者が明示して約束した条項を指す【訳者補充】）で拘束することによって紛争を解決し，また，あるときは，一方当事者に，取引の経済的あるいは関係的観点からみた他方当事者の正当な要求を取り入れるようにさせるとすれば，現状よりもっとビジネスマンに信頼され，取引のためにもっと使いやすいプラット・フォームが提供されるだろう，とコリンズは期待する。

　契約法はまさにこうあるべきと考える見解は，一般に，契約法に対する**文脈的**アプローチとよばれている。他方，文脈的な見解と対立するのが，当事者間に契約条項をどのようにするかについて最大限の自由を与えた上で，契約法とは，二人の人間の行った取引に明記された条件に単に効果を与えることだと考える**形式主義的**アプローチである。だが，二つのアプローチの相違は誇張されるべきではない。形式主義的アプローチによれば，当事者間の紛争を調整するために裁判所に文脈的アプローチを採用して欲しいと願うなら，そうすることを契約で取り決めておくことも自由である。他方，文脈的アプローチにおいても，当事者が契約条項の定義づけにあたって考慮に入れることのできるのは，取引における明示条項のみだとの意図を（当該契約当事者によって作成された契約書に記載されたもののみが契約条件となるとする「**完全契約条項**」の形で）十二分に明確にしたいと思っているとき，そうした願いは裁判所によって尊重されるだろう。したがって，二つのアプローチの相違は，裁判所がとるべきデフォルトのアプローチとして，当事者が反対しない限りふんわり優しく解釈するのか，当事者が反対しない限り冷徹に厳格に解釈するのか，のいずれをとるかということに過ぎないのである。

　文脈的アプローチについては，3つの点から批判がなされている。第一に，機能しえないこと（Gava & Greene (2004)），第二に，適切でないこと（Bernstein (1996)），第三に，事業者たちから望まれないこと（Scott (2004)），である。

18

（批判１）

　ジョーン・ゲイヴァ（Jone Gava）とジェニー・グリーン（Janey Greene）は，コリンズを引用し，「法的規制の最も適切な形とは，事案ごとの事実に繊細に適応できるようその形式主義を緩和し，特に，以前の取引履歴や，ビジネス上の関係を左右するインフォーマルな慣行を（フォーマルな取引基準があるならばそれとともに）理解することである」と主張している（Collins（1999），181頁）。だが，ゲイヴァとグリーンは，「裁判官自身の専門的知識や学識がなく」（Gava & Greene（2004），618頁），またビジネス契約における文脈についての情報がないということは，「裁判官は決してコリンズが願っているようにできないだろう」（同書，620頁）と主張している。

（批判２）

　リサ・バーンスタイン（Lisa Bernsrtein）は，事業者が他の事業者との関係において発生する問題を処理するにあたって，利用するかもしれない規範として，二つのものを区別している。すなわち，関係維持型規範と，ゲーム終結規範である。バーンスタインの説明によれば，「関係維持型規範の中には，まず『履行規範』なるものがあり，それらは，互いを信じ続け，さらに／または，将来の取引に価値を見出す限り，言外の超法規的な条件で，当事者たちが拘束されることに同意するものである。その他の関係維持型規範は『紛争解決型規範』であり，当事者たちは，将来の取引を危うくすることのないような方法で協力的に問題を解決することを試みている。関係維持型規範は，明確で十分に発達している場合でさえ，書面に記された契約条項とは全く異なっているかもしれない。

　書面上の契約条項は，ゲーム終結型規範を含んでおり，中立な第三者が紛争を協力的に解決することができず，関係をゲームの最終段階にあるとみているような状況において適用する規範である。契約法の中に事業者間における紛争を解決するための文脈的アプローチを求めることは，本質的に，裁判所に対して紛争解決のために関係維持型規範を適用してもらうよう求めることを意味する。しかしながら，事業者には，紛争を解決するために関係維持型規範を適用してもらうといった助けは必要ない。事業者が現に裁判所に訴えるときは，両者の関係がゲームの終盤に達してしまったということであ

り，この段階において関係維持型規範を用いることは単に不適切であるからである。むしろ，裁判所としてはシンプルに，関係が破綻してしまったときの事態収拾に備えて当事者が明白に合意しておいたゲーム終結型規範を用いるべきである。ゲーム終結型規範は，おそらく当事者が合意した取引の明示条項に認められるであろう。

（批判3）

　ロバート・E・スコット（Robert E Scott）は，グラント・ギルモア（Grant Gilmore）の「契約の死」の宣告を受け継いでいる。だが，ギルモアとは異なり，スコットは，契約法が，私人に非自発的な義務を課す他の私法領域（典型的な例として，不法行為法）に取って代わられてきたという理由で死んだと考えているわけではない。そうではなく，スコットは，「契約法は，契約法の範囲が狭いよりは広いほうがよいという傲慢な信念ゆえに死の床にある」と考えている（Scott（2004），370頁）。スコットの見解によれば，すでに契約法は，コリンズたちのような理論家が好む文脈的アプローチを長い間取り込んできたのであり，それゆえに破滅的な結果が生じたと主張している。

　すなわち，「文脈的アプローチは，契約当事者から，次の取引において契約条項や文言がどのように解釈されるかについて自ら予測することを奪っており，略式裁判手続きによる明白な義務の執行すら妨げている。いずれの当事者も，明らかに完全完璧な契約文書を，私的な意図や付帯的な合意の実現を条件とする，と主張できてしまう。その結果，契約に基づいて訴えると，全ての付随コストを伴う正式審理が必要となる」（Scott（2004），376頁。強調は，原書通り）という深刻な事態が生じるのである。「契約責任は，推定は難しいが，いったん推定されると免れるのが難しく」，「ひとたび，約束が法的執行の可能な領域に陥れば，わずかな溝のみが，しかも，履行か不履行かの単純な二元的ルールによって充たされてしまう」（Scott（2004），372頁）として，契約法の「形式的かつ非文脈的」アプローチを回避することは，結果として，契約法そのものを回避することにつながる。事業者たちの中に，「メンバーのために私的な契約法的レジームを発現させるべく，拘束力のある仲裁を用いる商業的な同業者組合」を開発するものがでてくる一方，そうした組合を形成することのできない他の事業者たちは，単純な意味解釈を通して

紛争が処理される，私的な仲裁に向かう」のである（Scott（2004），378-79頁）。

　これらの批判は，契約法についてのデフォルト・ルールとは，本質的に形式主義であり，契約法は，当事者が自分たちの取引を支配していると合理的に信じた契約条項を大いに優先させるべきと考えるのに十分な根拠を与えるものであるが，以下の二つの点に注意しなければならない。

　第一に，取引にまつわる万一の場合についていちいち交渉するということ（アメリカ英語における「dicker（交渉）」）に向けた当事者の能力（あるいは，やる気）には限界があるということである。契約に規定されていない事柄が生じたことによって利益を棄損された者が，そのような経緯で利益が棄損されうるというリスクを引き受けることに同意していたと考えることは，非現実的であろう。もし，当事者が，自分に不利になるにもかかわらず今初めて生じた状況における取引に拘束されるとすれば，本人が同意していたとする形式主義以外の理由によるものであるはずである。というのも，多くの場合，そうした際には，合意はないはずだからである。この点については，第３章で，契約がどのように当事者間のリスクの分配に用いられるのかという観点から，より詳しくみていくことにする。

　第二に，形式主義的アプローチは，単に，契約条項のどの部分が契約法のルール内であるかについて当事者の合理的な期待に効果を与えることを保証するのみである。契約法は，市場の秩序ある活動を促進するという全体の目的を果たすことを確実にすることが期待されている。形式主義的アプローチは，当事者の意図に，その性質や質の高さにかかわらず，効果を与えることを保証するものであると考えてはならない。たとえば，市場の秩序ある活動の促進は，その目的が，互いに利益のある取引を秩序づけることを越えて，他人の利益をまきあげることを可能にするような場合にまで，分別なく契約条項に拘束力を与えるようなことはしないのである（こうした規定に関する裁判所の取り扱いについては，第４章で検討する）。同様に，市場の秩序ある活動の促進は，悪い市場でなされた取引に効力を与えることには関わらない。すなわち，害悪（たとえば，チャイルドポルノグラフィ）の取引や，取引されるや否や悪い商品となってしまうもの（たとえば，異論はあるかもしれない

が，性がそうである）を扱う市場とは関わらないのである（この論点については，第5章で扱う）。

より一般化していえば，契約法に対する形式主義的アプローチをとることによって，「自分自身を食らう」ような契約を行う結果を生じさせてはならないのである。つまり，当事者は，契約締結を支配するルールや，契約が破られた場合に利用可能となる救済措置をめぐって「契約し回る」ことを許されるべきではない。したがって，裁判所は，法廷において特定の主張や議論を行うことを一方の当事者に禁じる「契約上の禁反言（エストッペル）」条項を疑ってかかるべきである（最初に効力を認めたのは，*Peekay Intermark Ltd v Australia and New Zealand Banking Group Ltd* [2006] EWCA Civ 386 判決であり，McMeel（2011）によってはげしく批判されている）。さらに，「この契約は，特定履行によって執行可能である」とする規定についても，当事者に権限のない事柄の処分を認めるものとして，自動的に無効とされるべきであろう。

4．現実の信頼

裁判所を通して「自分自身を食らう」ことが，それはあまりに卑屈に「当事者の自律」（非常に醜いフレーズとして，*du jour*）という形式主義的理想に効力を与えるものであるとして許されないとしても，おそらく契約法は，自己破壊の種を自らの中に宿している。マクロのレベルでは，18世紀や19世紀における契約法の全盛が，巨大で，かつ，人類史上かつてないほどの西欧社会の富の爆発であった時期と重なることは，驚くべきことだ。まさにこうした発展は，契約法が市場の秩序ある活動を促進するために存在するという考え方を説得的にする。契約法が力を持てば持つほど，西欧社会の市場はよりよく機能し富を生み出すのである（契約法と経済的発展との関連性については，2006年の Treibilcock と Leng を参照）。しかしながら，富の爆発は，新たな経済組織（特に，外部の供給者との契約的なつながりを通してではなく，官僚制的な内部組織を通して商品とサービスが生み出される会社：Coase（1937））の形成が生まれる機会となった。そのことによって，市場が適切に機能するために

契約法の拘束力に依存するということが徐々に減少していったのである。

ミクロのレベルでは，ＡとＢとの間に技巧的な信頼を作り出すという契約法の役目は，ＡとＢとの間に**現実の**信頼があれば，両者とも信頼できるということを示すことができる以上，それにとって代わられ，やがて不必要となるという結果を招きうる（Cross は，2005年に，こうした信頼を「影響力のある信頼」と名づけた）。ＡとＢとの間に現実の信頼が発展するにしたがって，ＡとＢは，容易に規制できるように，契約法によって自分たちの取引を形式主義化する必要性を感じなくなるであろう。

British Crane Hire Corporation Ltd v Ipswich Plant Hire Ltd ［1975］1 QB 303 は，こうした流れの端緒を少なからず示すものである。1969年2月と同年10月に，被告は，原告からクレーンを賃借した。いずれの場合も，被告は明確に，原告の標準書式において注意深く提示された条項に従うことに同意していた。三度目の賃借に際しては，電話でやりとりがなされ，原告は標準条項に言及することなく，被告がクレーンを賃借することを快諾した。ところが，今回は，何かがうまくいかなった。被告の使用中にクレーンが地中に沈んでしまい，クレーンを救出する費用をいずれが払うかという問題が生じたのである。控訴院は，三度目の賃借は，最初と二度目の賃借と同じ標準条項に規定されているとおりであるとし，原告の標準書式においてはクレーンの使用中に発生した損害についてはすべて賃借人が負担すべきことが明確に規定されていたことから，被告負担とした。客観性の原則に従えば，これは正しい結論である。原告が被告にクレーンを貸し出すことを電話で同意した際，彼らは，過去2度の取引で用いた標準条項に従って被告が処理することを合理的に期待したであろうし，それ以外の条件で原告が貸し出したと被告が考えることは不合理であろうからである。しかしながら，*British Crane Hire* 事件において，三回目の取引における形式性と交渉の欠落は，繰り返し同一の相手と取引することに慣れてきた当事者は，いかに取引自体について手抜きをすることにも慣れてしまうかを示しており，そういった当事者間に紛争が起こって対処を求められるとき，契約法は問題に直面することになる。

現実の信頼が当事者間に存在すればするほど，彼らの関係を規制するため

に契約が存在しているのだ，と気づくことは難しくなる。すなわち，そうした関係を本質的に契約的であると述べるには，関係があまりに開かれており，当事者の期待もあまりに散漫であるからである。しかしながら，AとBとの間に現実の信頼が存在すればするほど，そうした信頼が一方の突然の裏切りにあわないよう，（たとえば）AがBを遠ざけてあたかも見知らぬ者のように接するとき，法によってBを保護することが不可欠となる。*Baird Textile Holdings Ltd v Marks & Spencer plc* [2002] 1 All ER (Comm) 737 は，この点を例証するものである。ベアード社は，マークス＆スペンサー社に30年以上にもわたって，衣料を作り提供してきた。マークス＆スペンサー社は，ベアード社に要求する内容について最大限の柔軟性を確保したいため，契約するつもりはないということを明らかにしてきた。契約によらず，ベアード社は，マークス＆スペンサー社に対して，自分たちの事業が立ち行くよう注文を続けてくれることを信じるしかなかった。他方，マークス＆スペンサー社も，ベアード社が他の競争事業者たちに関心を移すことがないことを信じるしかなかった。こうした現実の信頼は，マークス＆スペンサー社が経営悪化に伴い衣料品の大半を海外から輸入することを決断するに至るまでの30年もの間，うまく機能していた。だが，結果的に，マークス＆スペンサー社は，ベアード社との関係を，かなりの影響を与える形で断ち切ったのである。ベアード社は，マークス＆スペンサー社を訴え，ベアード社が自分たちの衣料品のための新しい市場を開拓できるよう，関係解消の意思については3年前に通知すべきであると主張した。しかしながら，ベアード社は敗訴した。両者の間には，契約を見出しうる基礎として用いられうるような，いかなる引き受けも期待も存在せず，契約法をもってベアード社に必要な保護を与えるすべが見つからなかったからである。

　本章を通して証明できていればよいのだが，契約法は，期待を時折裏切られる当事者に対して保護を与えるようには全く作られていないのである。そうした役目は，可能な限り，他の法領域に期待されており，その過程において，しばしば無理に用いられたり，歪められたりするのである。そうした例の一つが，**エストッペル**（**禁反言**）である。エストッペルは，法廷で発言を許されていない事柄に関する，19世紀の証拠法に起源を有する。AB間にお

いて，過去にAがBに対して事実Fは真実であると述べ，Bがその供述に従って行動したとすれば，Aは，その供述を後になって翻すことは許されないというものである。エストッペルに関する法は，すぐさま，より一般的に他人の言葉を信じた者の保護へと拡張された。こうして，**約束的エストッペル**に関する法が生まれた。だが，もともとは，AがBに対して権利を執行しないと約束し，Bがそれを信じたことによって，もはやAが元の約束を翻すことが不公正と思われるような結果が生じている場合に，Aの権利行使を止めるものであったのである（たとえば，あなたが私に1000ポンドを借りていて，誕生日プレゼントとして借金を帳消しにしてあげるといったとしよう。その後，あなたのおじさんが親切にも，誕生日のプレゼントとして，借金の返済を申し出てくれたとしよう。あなたが，「その必要はないよ。ニックが借金を帳消しにしてくれたんだ」と答えたとしよう。こうした状況において，後になって前言を翻して，「貸している1000ポンドを返せ！」と私がいうことは不公正である可能性は十分にある。それは，あなたが叔父さんに再度，借金を肩代わりしてくれる申し出を言わせることができるかによるだろう）。

　さらに，**所有的エストッペル**に関する法も，イギリス法の中にしっかりと確立されている。この領域の法は，もともとは，「私の土地にあなたは利益を有している」と私が言ったような場面において，機能してきたものである。たとえば，あなたへの誕生日プレゼントとして，自分の土地の端に所在する，あなたが現在占有中のコテッジをあげると言ったとしよう。あなたが，コテッジは自分のものであると信じて行動したとすれば（例　コテッジの改装），後になって二人が仲違いし，土地から出て行けと私が言ったとしても，所有的エストッペルに関する法は，原型どおり，コテッジはいまやあなたの物であるということを否定することを許さないのである。その結果，私は，あなたをコテッジから追い出すことはできない。

　第6章で詳しくみるように，いまやエストッペルの様々な類型は，現実の信頼が存在する関係にありながら相手方にそうした信頼を裏切られた人々をより広く保護すべく，こうした原型を遥かに超えて発展している。しかしながら，そうした人々の保護は，エストッペルに関する法のみが担っているわけではない。

　1973年離婚法は，かつては現実の信頼関係——すなわち，婚姻関係——に
あったがその後破綻してしまった人に法が保護を与えている明らかな例であ
る。そのために法は，裁判所に対して，婚姻関係にあった当事者間で財産を
再分配し，一方が他方を将来にわたって金銭的に支援するという命令を下す
権能を与えている。二人が婚姻していなかった，あるいは，同性婚の関係に
あったが，いずれかが所有する不動産に居住していたという場合には，**信託**
法が当該不動産に関する一定の利益の主張を認めている。これにより，関係
の破綻に対して金銭的な保護を与え，存続してきた関係への貢献を正当に金
銭的に評価することができる。同様に，信託法は，財産を取得するために共
同して投機的事業に乗り出そうという者や，事業のアイデアを商業的に発展
させたい二人にも利用可能である。もし2人のうちの1人が関係から抜けた
いと考え，共同投機事業の全利益を割り充てることがふさわしいと考える場
合，信託法は，信頼を裏切られた側に，共同投機事業からくる利益の（通
常）50% に対する信託を設定すべく介入する。土地の共同購入に関する判例
として，*Pallant v Morgan* [1953] Ch 43，炭鉱の共同発展に関するものと
して，*Lac Minerals Ltd v International Corona Resources Ltd* [1989] 2
SCR 574 がある。

　原状回復法，あるいは，**不当利得法**は，自分たちの努力が報われることを
期待して他方当事者に利益を与えたにもかかわらず裏切られた当事者を保護
するために発動されてきた。*William Lacey*（*Hounslow*）*Ltd v Davis* [1957]
1 WLR 932 において，被告は，戦時中に空襲に遭った財産の再建に向けた
政府の政策を利用しようと考えていた。被告は，原告建設業者に対して，被
告の財産の再建計画を出し，費用の見積もりを依頼した。原告は，見積もり
費用は，被告の不動産の再建を請け負うことによってまかなわれることにな
ると期待していた。ところが，計画と費用の見積もりが出された後，被告は
考えを変え，その被爆不動産が立っている土地を開発業者に売ってしまった
のである。原告は，自分たちの仕事に対して，合理的な金額（ラテン語で，a
quantum meruit,「彼にふさわしいものを」）を支払うよう被告を訴えることを
認められた。この事件は，今日においては，期待に反して対価の支払いなし
に働かせることによって不当に得た利益について，被告に責任を取らせる

（あるいは，返却させる）ための救済法理として一般に説明されるが，この分析は明らかに不自然である。被告の心変わりは，そもそも原告の仕事から得るものがなかったということを意味しているからである。もし，原状回復法や不当利得法が *William Lacey* 事件で機能したとすれば，本来の領域をはるかに超えて，原告の信頼が濫用されないようにある種の保護を与えるためであったのである。

　実際のところ，法が，現実の信頼関係を裏切られた当事者に対して与えてきた保護は，きわめてつぎはぎだらけで不整合なものである。たとえば，既述の *Baird Textile Holdings Ltd* 判決において，ベアード社は，マークス＆スペンサー社に対して，執行停止命令を得るという約束的エストッペルの利点を活かすことはできなかった。というのも，約束的エストッペルは，今のイギリス法において，単に A に対して，本来なら B を訴えてよいはずの権利の行使を止めるものに過ぎず，A に対して，たとえば，3年間にわたって衣料品の注文を続けろといったようなことを強いることはできないからである（*Combe v Combe* [1951] 2 KB 215）。法がより整合的に原理的に機能するには，現実の信頼関係が時折裏切られることを防止するために機能できるようなルールや法原理を見つけ出す必要があり，さらにそれらは，どのようにして関係が生じたのか，その関係において信頼はどのような形をとっているのかにかかわらず，適用されるものでなければならない。

　これを可能にすると考えられてきたのが，先に紹介したマックニールの先駆的な研究に基づいた，**関係的契約**という新しい概念である。関係的契約は，現実の信頼関係にある当事者間において見出すことができ，その信頼が濫用されることへの保護を与えることができる（関係的契約についての極めて詳細な議論については，2016年の Collins の著作を参照）。ただし，残念なことに，この文脈において「契約」という用語を用いることは，契約法の機能を混乱させるだろう。契約法とは，（少なくとも最初は）互いを信じていない当事者の間に技巧的な信頼を生み出すものであるが，「関係的契約」という概念に期待されているのは，（契約関係にはないが）実際に信頼を有している人を，その信頼が裏切られたことによる結果から保護しようとするものだからである。しかしながら，あまりにこれは遠い将来の問題である。（人が何と

呼ぼうとも）関係的契約という概念が裁判所で明確に認識され，信託法，原状回復／不当利得法，家族法，エストッペル法等，あちらこちらに散らばっている様々な現実の信頼保護原理を集めるために使用されるということは，今のところ望み薄である。以下の3章では，契約法の核心に焦点をあてる。契約法の外に位置する荒地のような領域については，本書の最終章で再び扱うことにする。

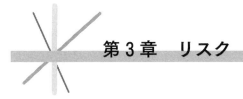

第3章　リスク

　典型的な契約というものを考えるとすれば，通常は，（たとえば）車を売るために契約するといった，物品の販売を思いつくであろう。この種の契約を規定する制定法は，1979年物品売買法であり，そこでは，13か所において「リスク」について言及がなされている。たとえば，同法20条1項は，「特段の合意のないかぎり，所有権が買主に移転されるまで，物品の売主がリスクを負う。しかし，所有権が買主に移転した後は，物品の引き渡しがあってもなくても，リスクは買主が負う。」と規定する。そして，20条2項は，「しかし，売主か買主のいずれかの過失によって引き渡しが遅れた場合には，過失がなければ生じなかったであろう損失について，過失ある当事者がそのリスクを負う。」と規定する。ここで，「リスク」とは，物品が滅失する危険を意味している。したがって，私があなたから車を購入する契約をした場合，たとえその車が滅失してしまったとしても支払いを免れないとすれば，その車のリスクは私（つまり，買主側）にあることになる。反対に，リスクがあなた（つまり，売主側）にあるならば，車が滅失した場合には私は対価を支払う必要がなく，むしろ車の引き渡しを怠ったとしてあなたを訴えることもできるかもしれない。つまり，物品売買契約のような単純な契約であっても，単に，物品と金銭の交換の促進に尽きるものではないのである。それは，契約当事者間でのリスクの分配にも関わっており，第20条の場合のような，売買が完了する前に目的物が破壊された結果として生じるリスクの振り分けに関わっているのである。本章では，どのようにして契約法が人々の間のリスクを分配するのに役立ち，契約を締結した場合に生じるリスクからどのように保護しているかについて説明する。

1．リスクの予防

　契約は，（常にというわけではないが）リスクを回避したいという意図に動かされて行われることがある──つまり，将来，好ましくない事柄が起こるかもしれないというリスクの回避である。契約は，そうした事柄が起こる場合に備えて，保険を提供しうる。保険契約のような場合にはまさに文字通りそうであるが，雇用契約や先物取引契約にもあてはまる。雇用契約は，事業者に対して，事業を継続するのに必要な労働者を得ることができない場合に備えて，保険を提供する。たとえば，アルファ株式会社がデイジーと雇用契約を結んだ場合，その契約期間中はデイジーがサービス提供を続けることが確保される。先物取引契約においては，アルファ社は，ベータ事業者から１万ウィジットを，１ウィジットあたり500ポンドの価格で６か月以内に引き渡してもらうよう，注文することができる。こうした取引をむすぶことによって，アルファ株式会社は，今から６か月後にウィジットが必要な場合に，それらを入手できないといった事態や，500ポンドよりずっと高額な価格でしか入手できないといった事態に備えて，保険を掛けているのである。

　当事者の一方が勘違いによって契約を締結してしまったり，契約締結後に状況が変化する場合など，契約には，常に，不利な取引に終わるかもしれないというリスクが付きまとう。アルファ社は，今から６か月の間に１ウィジットあたり500ポンドで１万ウィジットの供給をうけるということについて，喜んで拘束されるかもしれない。だが，今から３か月後に市場におけるウィジットの価格が暴落し，１ウィジットあたり300ポンドで購入可能になったとすれば，この取引はあまり賢明にはみえなくなるであろう。同様に，アルファ社は，デイジーが実は不誠実であり，頻繁に病気になることが後に判明したとすれば，彼女を従業員の一人として採用したことを後悔するであろう。いずれの事例においても，アルファ社の契約が提供した保険は，実際には，契約締結時に思われていたほど価値のあるものではなかったということである。

　さらに，リスクに対する保険のために契約を締結したのではない場合でさえ，当事者の一方が契約締結をしたことを後悔するという事態を生じうる。

たとえば，あなたから絵を一枚購入するという単純な物品売買契約において
も，その絵が後になって以前には知られていなかったレンブラントによるも
のであることが判明したとすれば，私にとっては大変得な取引であり，あな
たにとっては大変不利な取引であるということになる。他方，レンブラント
によるものだと思われていたが贋作であったことが後に判明すれば，私にと
っては大変に不利な，そしてあなたにとっては大変に得な取引をしたという
ことになる。

　したがって，契約締結の決定が，リスク回避の意図に動機づけられたもの
でなかったとしても，契約条項をめぐる交渉が，不利な取引に陥るリスクを
避けたり，緩和したいという意図に影響されているということは当然にあり
うるのである。たとえば，アルファ社は，ベータ社との先物取引契約が後に
なって痛いものとなるリスクを回避するために，契約の履行期前に1ウィジ
ットあたりの金額が400ポンドを下回った場合には，契約を解除することが
できるという条項を挿入しようとするかもしれない。これに合意する見返り
として，ベータ社は，1ウィジットあたり550ポンドの支払いを求めたり，
契約解除に際して違約金として50万ポンドの支払いをアルファ社に請求でき
ることを規定するかもしれない。同様に，われわれは互いに，購入した絵が
後になって贋作であることが判明した場合にはあなたから代金を返してもら
え，他方，購入価格の倍以上の値段で転売できた場合には利益の10％をあな
たは受け取ることができると規定することによって，一方にとって不利な取
引となるリスクに備えることができるのである。

2．契約条項による予防の限界

　理想としては，契約条項は，両当事者が，契約が不利な取引となるかどう
かに関してどれだけのリスクを冒したいかを完全に反映したものであるべき
であろう。しかしながら，実際にはそうはならない，という3つの理由を示
す。

　第一に，勘違いをして契約締結をしたために不利な取引となってしまうと
いうリスクについては，契約を締結した際にはそうした勘違いを自分がおか

していることに（当然）気づいていないのであるから，防ぐことは極めて困難である。たとえば，*Great Peace Shipping Ltd v Tsavliris Salvage Ltd* [2003] QB 679 において，被告援護会社は，南インド洋でトラブルに巻き込まれたケープ・プロヴィデンスという船の救助行為と援護活動を実施するため，グレイト・ピースという名の船を借りた。被告たちは，グレイト・ピースは，ケープ・プロヴィデンスからわずか35マイルしか離れていないところにあると告げられていた（ただし，グレイト・ピースの所有者からではない）。ところが実際は，410マイル離れていた。つまり，ケープ・プロヴィデンスが位置している場所に到達するためには，被告たちがグレイト・ピースを借りる契約を行った時に予想していたよりも，明らかに，かなりの時間を要するのであった。このとき，グレイト・ピースの賃貸借契約に，同船の位置が実際にはケープ・プロヴィデンスから410マイルも離れていた場合にどのようになるかについて明記していなかったという事実だけをもって，被告たちが，その位置関係についての勘違いによって不利な契約となってしまうリスクを喜んで引き受けたと考えることはできないであろう。彼らは，グレイト・ピースがケープ・プロヴィデンスから35マイルの位置にあると自信をもって信じていたからこそ，グレイト・ピースの位置について勘違いがあった場合のリスクに備える必要性に気づいていなかったのである。

　第二に，当初は有利だった取引が状況の変化によって不利になりうるということは，理論上は予測可能であり，それに対して備えることができる。だが，当事者に，取引に影響を与えそうなあらゆる状況の変化を想定させ，全ての場合にどうすべきかについて契約条項に規定しておくべきということは，あまりに非合理である。たとえば，*Taylor v Caldwell* (1863) 3 B&S 826 判決において，被告は，原告に対して，1861年6月と7月の丸1日，同年8月の2日間，コンサートホールを貸し出した。1日当たりの賃料は，100ポンドであった。原告は，いずれの日においても，午後は「グランド・コンサート」，午前と夜はレセプションのためにホールを使用する計画であった。ところが，残念なことに，初日を迎える6日前にホールは焼失してしまった。本取引は，被告にとって災難というべきものとなってしまった。被告は原告にホールを提供できなくなったことから，ホールの使用によって得られ

たはずの利益のすべてについて原告に対して責任を負わせられるように思われ，そして，実際，そのように原告が被告を訴えたのである。しかしながら，ブラックバーン（Blackburn）判事は，コンサートホールが焼失してしまった場合に被告が訴えられないことを規定する条項が置かれていなかったという一事をもって，被告がそうした場合に訴えられるリスクを引き受けることに同意したと考えることは非合理的であると判示した。「両当事者は，合意を形成した際，そうした災難が起こりうる可能性を明らかに念頭に置いていなかったのであり，だからこそ，そうしたことについて何らの明確な規定も置いていなかったのである」（833頁）。

　第三に，マコーレーが述べているように，「何かが起こりうると予期できた場合ですら，自分たちの契約に起こりうるすべての万一の場合に備えて規定するために，費やすことができ，また費やすべき時間には限りがある。提案書，注文確認書，請求書等，売主側から渡される様々な書面の裏に小さな文字で印刷された事柄を詳しく調べるために，技量のある人々を十分な数だけ雇ったとしても，多くの場合，割に合わないだろう。週に何千もの購入注文を受けるような会社では，すべての取引の詳細について，いちいち交渉している時間的余裕などないからである」（Macaulay（2003），46頁）。

　さらに，前章で言及した実証研究によれば，事業者たちは，他の事業者と合意するために弁護士に頼ることに乗り気ではない。その理由の一つは，「事業者たちは，特定の不測の事態を処理するのに必要な条項を入れることが，訴訟の構えや，状況が変わった場合に柔軟に関係調整を図ることを固辞するサインとして相手に受け止められはしないかとおそれて，そうした条項を入れそびれてしまうかもしれない」というものである（Bernstein（1996），1789頁）。他の理由としては，事象 X が生じることは極めてなさそうな場合に，二人の事業者（A と B）の双方にとって利益の上がりそうな取引が，事象 X が万一生じた場合の立場に関する契約書の細字部分をめぐる弁護士たちの議論によって頓挫するのを望まないということもあろう。そこで，取引の本質的部分について合意できさえすれば，交渉は終了し，弁護士は返されてしまう。その結果，双方の弁護士にとってはいかにも不満であるが，AB 間の契約は，事象 X が起きた場合について何らの規定も置かないことにな

るのである。そこで，万が一，事象Ｘが実際に起きてしまい，Ａにとって契約が不利なものとなってしまった場合，Ａがそのリスクを喜んで引き受けるとしていた，とは言えないのである。なぜなら，規定がないのは，ＡもＢも，事象Ｘが起きたときの結果がどのようになるべきかについて考えたくなかっただけだからである。

そこで，ＡＢ間の契約がＡにとって今にも不利になりそうな事案において，Ａが契約条項に，不利を招いた勘違いや状況の変化に対してなんらの防御も明確に規定していなかったという事実をもって，必ずしも契約法は，「リスクは，落ちたところに置いておけ」として，Ａに不利な取引を押し付けようとはしないのである。不利な契約となるリスクが現実化している場合に，Ａは保護されるべきか否かという問題について契約が沈黙していることは，Ａがそうしたリスクを喜んで引き受けるつもりであった，ということを必ずしも示唆しているわけではないのである。契約法には，たとえ契約書において，特定のリスクに関する防御が明確には規定されていなかったとしても，取引が不利なものとなるリスクから契約当事者を防御しようとしている場合がある。それらはどのような場合か，次に論じよう。

3．錯　誤

ＡＢ間の取引がＡにとって不利な結果となってしまう原因として，様々な類型の勘違い（錯誤）が挙げられる。

（1）契約条項に関する錯誤

第一の類型は，あなたが私と契約を締結する際，契約の条件について一定の理解を有していたが，裁判所が最終的に次のように認定する場合に生じる。①われわれの間に契約は存在するが，②あなたの思っていた契約の条件とは全く異なるという場合である。あなたがこの種のタイプの勘違いをしたために不利な取引をする羽目になったとしても，法が与えてくれる保護は，きわめて少ない。

主な保護としては，裁判所が①と②の両方を真実と認定するのは，契約の

条件であると信じていたことが不合理である場合に限られることが多い，というものである。契約の条件としてあなたが信じていたことが合理的である限り，裁判所は，われわれの間に契約は存在しない（契約の条件に関して私が信じていたことが（全く異なるが）合理的である場合）とするか，契約は存在するがあなたが想定していた契約条件による（契約の条件として私が信じていたことが（全く異なり）不合理である場合）とする可能性がはるかに高いと思われる。

　しかしながら，あなたが契約の条件として信じていたことが全く合理的であっても，裁判所が①も②も真実であると認定すると思われる場合がある。それは，私とあなたが一定期間，交渉を行った末にうまく結論に達したというような状況である。こうした状況では，契約の条件を提示する文書の作成が賢明におこなわれ，あらゆる人々（我々の紛争に判断を下さなければならないすべての裁判所を含めて）の便宜のために，文書の中に「完全契約条項（"entire contract clause"）」が入れられる。これによって，文書はすべての条件を提示したものとなり，それゆえ文書は，契約の条件がどのようなものであったかについて唯一の指示書となる。裁判所は，通常，**口頭証拠排除法則**（文書が契約の条件に関する排他的な指針となることが意図されていたにもかかわらず，書かれていない契約の条件を口頭で証拠とすることを禁じる）の下，「完全契約条項」に効力を与え，文書を見るのは，契約条項が何であったかを確定する際のみであろう。しかしながら，文書が規定している内容が，あなたが合意したと信じていたものと一致しなかった場合には，どうなってしまうのだろうか。こうした事態において，裁判所が契約条項を規定した文書に従う場合，たとえあなたが我々が合意したと信じていたことが合理的であっても，①と②は真実であるということになる。

　ここに，不利な取引となってしまうことに対する防御として法が与えているものを示す。法がどの程度の保護を与えているかを理解してもらうために，3つの状況に分けて考える必要がある。

　（ⅰ）取引に条項 x を含めることがあなたにとって重要であり，条項 x を含むことについて合意が成立していた。だが，記載ミスあるいは単純に合意

内容を思い出せなかったために，合意を明記する最終文書から条項 x が落ちてしまった。こうした場合，あなたは，合意を正確に提示すべく，裁判所に対して文書の修正を申請することができる。あなたがそうしたからといって，私には何の不公正も生じてはいない。むしろ，条項 x が取引の一部となることに同意しておきながら，私が文書の修正の申請に反対したとすれば，非良心的であろう。

（ii）あなたは，条項 x が我々の取引の一部となることに同意していた。だが，私は，条項 x が取引の一部にはならないということで合意したと思っていた。最終文書は，私の記憶と合致していたが，あなたは条項 x が含まれているか否かを確かめることなく文書に署名してしまった。こうした状況において，修正は，不可能である。あなたが最終文書に反対しなかったということを前提にすると，われわれの合意に関する私の見解の方があなたの見解よりはるかに合理的となり，最終文書の規定にも合致しているからである。ここに，最終文書を修正する余地はない。

（iii）あなたは，条項 x がわれわれの取引の一部であることに合意したと思っており，私はあなたがそう信じていることに気づいていた。私は，条項 x が取引の内容となることを欲しておらず，最終文書が作成される段階になって，条項 x が文書から削除されていることを確認した。あなたは，条項 x が含まれているかどうかを確かめることなく文書に署名した。こうした状況においては，修正は可能であろう（*Riverlate Properties Ltd v Paul* [1975] Ch 133）。裁判所は，あなたが不利な取引に陥るよう，私が狡猾なやり方で口頭証拠排除法則を用いることを許さないであろう。

（2）取引の意味する内容に関する錯誤

伝説によれば，インドの王様はチェスゲームの発明をたいそう気に入り，発明者を呼び出し，発明の報酬として何が欲しいかを尋ねた。発明者は，「陛下がお望みであれば，チェスボードをお取りになり，最初のマスに米を1粒置き，2つ目のマスに米2粒，3つ目のマスに米4粒，4つ目のマスに米8粒というように，64マスすべてが埋まるまで，隣りのマスに倍数の米粒を置いて頂ければと存じます。」と，応えた。王は，チェスのような大発明

の報酬としては滑稽なほど小さな報酬だと思ったが，発明者の望むように人に命じた。王はすぐに，チェスボードの n 番目に 2 の n−1 乗の米粒を置くということは，21番目のマスの米粒は104万 8 千576，そして最後の64番目のマスには900京（9 の後に 0 が18回付く数）を超える数の米粒を置くことを約束してしまったことに気づいた。王がチェスボードに置かなければならない米粒の総数は，1850京，つまり，地球上にある砂粒の 2 倍以上，銀河系にある星の数の1800万倍以上，宇宙にある星の数の50分の 1 を占めることが判明したのである。

　この伝説における王様は，まさに，何を合意したかを知っていた。彼の間違いは，合意した内容の意味するところに関してであった。つまり，彼が合意した内容は，最初に思っていたよりもはるかに負担の大きなものだったのである。合意した内容が意味する事柄に関して勘違いをしたために不利な取引をしてしまった人々を，契約法はどの程度救済しているであろうか？契約法の基本的立場は，人は，自ら行った取引に拘束されるべき，というものである。この立場は，理解しやすい。もし当事者の一方が，取引の意味するところを勘違いしていたというだけで，あまりに簡単に自ら行った取引から解放されるとしたら，契約法は，契約当事者の間に技巧的な信頼を生み出すという仕事に失敗することになろう。

　Arnold v Britton［2015］AC 1619 判決は，取引の意味する内容について勘違いをした契約当事者に対して，契約を守らせることが契約法の基本的立場であることを示すものである。本事案は，99年間のリース賃借物である休暇用別荘の年間サービス料に関するものであった。*Arnold* 事件で問題となったサービス料は，最初は年間90ポンドであるが，毎年10％ずつ上がり，複利計算されるというもので，n 年後には，サービス料は90ポンド×1.1^nになるというものであった。その結果，20年後には，サービス料は605ポンド，30年後には1570ポンド，40年後には4073ポンド，50年後には 1 万565ポンドとなる。そのままいくと80年後には，サービス料は18万4356ポンドといった信じられない総額になり，契約終了までには100万ポンドを超えることになる。そこで，賃借人たちは，本リース契約におけるサービス料規定は，サービス料が増加していく際の上限額に関するものと解釈されるべきであると主張し

た。最高裁判所は，「契約を解釈するにあたって，一方当事者を，自身の無分別や不適切な助言の結果から救済することは，裁判所の役割ではない。したがって，契約を解釈する際には，裁判官は，賢明でない当事者を助け，あるいは，賢明な当事者を罰しようとして契約条項を書き直すことは避けるべきである」（ニューバーガー判事による判示の第20パラグラフ）として，賃借人たちが自ら行った軽率な取引から彼らを救済することを拒否したのである。

　そうはいうものの，次章で見ていくように，契約法は，実際には，当事者の一方が他方当事者の（たとえば，算数に関する）無知を不公正に利用して不利な契約を結ばせるような狡猾な手段を罰している。（Arnold 事件におけるサービス料規定で用いられた法律用語を駆使した言い回し——２年目からはサービス料は「100ポンドにつき10ポンド」づつ上がると規定していた——は，法律家の助言を得ていたはずだという事実を除けば，狡猾な手段に相当すると主張できたかもしれない。）

　契約法はまた，契約当事者たちに，他方当事者が契約内容の意味するところをよく認識できるよう，そうして取引に入るか入らないかについてインフォームドチョイスができるよう，手助けすべく，情報を開示すべき義務を課している場合がある。明らかな例が，保険契約の場面である。Ａが自らの健康や家に対する損害に備えてＢの保険に加入したいと望む場合，Ａは，保険を掛けたいと考えている事柄について特に脆弱性をもたらしうるあらゆるリスクについて，情報を開示する義務を負っている。消費者契約に関する2013年「（情報，キャンセル，追加料金に関する）規則」は，消費者に商品やサービスを販売する事業者に対して，消費者が検討中の契約が意味するところを理解できるよう手助けすべく，多くの情報を与えることを要求している。そうした情報の中には，「税を含む，商品やサービスの値段の総額，あるいは，事前に値段が合理的に算出できない場合には，値段の算出方式」，及び，「すべての追加的な送料，あるいは，事前に合理的に算出できない場合には，追加料金がかかる事実」が含まれている。

　このように，人々が限定的に，取引の意味する内容について勘違いしたために不利な取引の罠に陥ることから保護されているとしても，契約法が目指す，市場での取引者間に技巧的な信頼を築くという取り組みを損なうことに

はならない。契約法が，法的拘束力を有する取引と有さない取引とを明確に区別している限りにおいて，不正に成立した取引の足元が揺さぶられるという事実があっても，正しく成立した取引の堅固さについて，取引行為者たちの信頼が損なわれることはないからである。先の二つの段落において述べたルールが，法的拘束力を有する取引と有さない取引の違いをあいまいにするとは思われない。したがって，一般的に取引の拘束力についての信頼を損なうことはないのである。事業者たちには，相手方の無知を利用したと責められる場合と責められない場合，あるいは，取引に入るか入らないかを決定するにあたって影響を与えたかもしれない重要な情報を顧客に故意に与えなかったと責められる場合と責められない場合とが，わかるはずである。したがって，事業者が自らの商法の誠実さに自信を有しているならば，締結した契約が拘束力を有するかについて不安になる必要はないのである。

（3）状況に関する錯誤

　Great Peace 事件における勘違いは，状況に関する錯誤の例である（本書32頁も参照〔訳者注〕）。状況に関する錯誤とは，取引を成立させるにあたって基礎とした事情について勘違いがあり，その結果，不利な取引となってしまった場合を指す。グレイト・ピース号は，ケープ・プロヴィデンス号から，35マイルではなく410マイルも離れたところに位置していた。そして，この距離の違いは，ケープ・プロヴィデンス号の救出を手伝うに当たってグレイト・ピースを借りるということが良い考えかとんでもない考えかを全く左右してしまう事柄であった。控訴院は，*Great Peace* 事件において，被告らはグレイト・ピースを借り上げるというとんでもない取引につかまってしまったと考えた。被告らは，状況に関する錯誤を理由として自ら行った取引から逃れることはできなかったのである。

　控訴院は，Ａが状況に関する錯誤（Ｍ）によってＢと契約を締結し，それが後になってＡにとって不利な取引であることが判明した場合，以下の3条件を全て示せた場合でなければ契約を逃れることができないと判示した。条件①：契約条項は，ＡがＭについて勘違いした場合であっても依然としてＡが契約に拘束されるか否かについて，明らかにしていなかった。かつ，

条件②；AがMについて勘違いをしたことについて，過失はなかった。及び，条件③；AがMを勘違いしたことは，AがBと締結した契約は，契約条項に従って履行することが不可能であることを意味している。

条件①と条件②は，*Great Peace* 事件にあてはまった。第一に，既述の通り，被告もグレイト・ピースの所有者も，グレイト・ピースが何百マイルも離れたところにある可能性について言及しておらず，契約の中でその可能性について規定していなかった。第二に，被告には，グレイト・ピースが最も近い船であるということを「船舶業界に天気予報サービスを提供し，海上の船舶について報告を受ける，信頼された組織であるオーシャン・ルーツ」によって告げられていた以上，グレイト・ピースがケープ・プロヴィデンスからはほんの数マイルしか離れていないと考えたことについて，過失はなかった。しかしながら，条件③は，あてはまらなかった。グレイト・ピースの位置に関する勘違いによって，契約条項に従って履行することが不可能になったとまでは言えなかったからである。グレイト・ピースは，想定よりも時間がかなり多くかかるというだけで，依然として，ケープ・プロヴィデンスの救助のために航行することは可能だったのであり，合意した賃料を支払うことも可能だったのである。

契約の一方当事者が状況に関する錯誤によって締結した不利な契約を逃れることができるかについて，控訴院がとった制限的な姿勢は，貴族院（現在の最高裁判所〔訳者注〕）の出したかなり前の判決である *Bell v Lever Brothers Ltd* [1932] AC 161 でとった立場を反映している。本事案では，ビジネス上の組織再編に伴って，子会社の取締役2人がリストラされることになり，子会社を去る見返りとして，それぞれ3万ポンドと2万ポンドの支払いを受けることが合意されていた。合意当時，リーバー・ブラザーズ社は，2人が陰でいくつもの雇用契約違反を行っており，一切の賠償金の支払いなしに2人を解雇できるということを知らなかった。つまり，リーバー・ブラザーズ社は，本来ならただで手に入れられたはずの事柄に何万ポンドも払うことに合意してしまったのである。リーバー・ブラザーズ社は，契約締結に際しておかしてしまった勘違いを理由として，子会社の元取締役との取引から逃れ，支払われた金銭を取り戻そうと試みた。貴族院は，同社の主張を退けた。

Great Peace 判決で示された3条件が用いられたのである。その理由を見てみよう。

　Great Peace 事件において，条件③に基づいて契約から逃れることが主張されたたように，*Bell v Lever Brothers Ltd* 事件においても，同様の主張が行われた。リーバー・ブラザーズ社の勘違いは，2人の取締役がリーバー・ブラザーズ社の子会社の雇用を断ることを不可能にするものではなく，リーバー・ブラザーズ社にとっても，二人の取締役にそれぞれ3万ポンドと2万ポンドを支払うことは不可能ではなかった。しかしながら，*Bell v Lever Brothers Ltd* 判決において，貴族院は，リーバー・ブラザーズ社の勘違いによって契約条項に従った履行が不可能になったか否かではなく，勘違いのためにリーバー・ブラザーズ社の契約の目的であった事柄がある質を欠き，「そのために，信じられていた事柄とは本質的に異なるものとなってしまった」のか否かという問題に焦点をあてて判決を下したのである（アトキン判事）。判事（*Brennan v Bolt Burdon*［2005］QB 303, at［60］におけるセドリー判事）や学者（Andrews（2016），Article 78）の中には，こうしたはるかに曖昧な基準に戻ることに憧れを見せる者もいるが，そうした誘惑の声は拒絶されるべきである。人々が取引を信頼できるために，契約法の確実性は重要であり，状況に関する錯誤により締結してしまった不利な契約を逃れるにあたって *Great Peace* 判決において示された「不可能性」基準は，*Bell v Lever Brothers Ltd* 判決におけるアトキン（Atkin）判事が示した基準よりも，大きな確実性をもたらすのである。

　しかしながら，二つの問題が残されている。第一の問題は，そもそも，*Great Peace* 判決で示された3要件が揃えばなぜ不利な契約から逃れられるのか，である。状況に関する錯誤によって契約を締結した者がいる場合，なぜいつものように「リスクは，その落ちたところに属する」とはしないのか。*Great Peace* 判決において，控訴院は，状況に関する錯誤をめぐる法とは，「いずれの当事者にも過失なく履行が不可能となり，かつ，当事者が明確にあるいは黙示に，そうした場合の権利と義務について対処していなかった場合に，契約の溝を埋めるものである。」と判示した。しかしながら，なぜ，自らの勘違いでおこなった不利な取引から逃れさせてやるために，特

に，公平に誠実になされた取引の信頼性をいくぶん損ねてまで，溝を埋めるのだろうか。その答えは，こうしたルールは，契約がどのように機能すべきかについて，当事者間の思惑に溝のあることが明らかになってきた場合に，そうした溝を埋めるのに唯一の合理的な方法だからである。選択肢①として，自ら行った不利な契約にAを拘束することは，Aを犠牲にしてBを利することになるだろう。反対に，選択肢②として，Aをそうした契約から解放することは，AとBを契約する前の元の状態に戻すことになろう。①か②かの選択に直面した時，害が最も少ない選択肢は②であり，これこそが，*Great Peace* 判決の示した3条件が充足された場合に，裁判所のとってきた選択肢である。

　第二の問題は，Aが状況について勘違いをしたために，今となってはAに不利でしかない契約を締結したが，Bが契約当時からAの錯誤に気づいていた場合にどうなるか，である。この点について，*Bell v Lever Brothers Ltd* 判決においても，*Great Peace* 判決においても，Aが状況に関する錯誤を理由としてBとの間の契約から逃れるためには，Bも同様の勘違いをしていた必要であるとして強調されていた（前者については，アトキン判事によって「それが両当事者の勘違いでない限り，同意に影響はない」。後者については，「特定の状況の存在について共通の思い込みがなければならない」）。

　だが，これは，奇妙に思われる。というのも，Bが，Aが状況について勘違いをしているために不利な契約を締結しようとしているのを知っている場合，BはAとおこなった取引の利得を奪われるとしても，Bには何らの不正義も生じないだろう。さらに，状況に関する勘違いのために私に不利な取引となっていることをあなたが知っていた場合，当該取引が法的拘束力を有すると期待できないという法があったとしても，一般的な意味で取引の確実性が損なわれることはないであろう。しかしながら，これは，イギリス法の立場ではない。*Smith v Hughes*（1871）LR6 QB 597 判決は，この点を示すよい例である。

　Smith v Hughes 判決において被告は，原告からオーツ麦を購入することに合意した。その後，被告は，原告から購入したオーツ麦が新しい物であり，そのために，彼が意図していたように馬に与える飼料として用いるには

不適当であることに気づいた。馬の飼料としては，古いオーツ麦のみが適しているのであった。被告は原告に連絡をとり，当該オーツ麦を購入する意図はなくなったと告げたところ，原告が訴えた。控訴院は，本事件の結論を左右しうる法原則を定めた。もし，被告が，原告の行為から，原告が自分に売ろうとしているオーツ麦が古い物であると保証していると合理的に理解したのであれば，被告は勝訴することができる。客観性の原則の下では，原告は，被告に古いオーツ麦を提供することを求められるであろうし，被告は新しいオーツ麦に対して支払い求められることはないであろう。他方，被告が購入することを契約したオーツ麦が，年代を問わないものであったとしたら，被告は，たとえそれが新しい物であったとしても，さらには，原告が契約当時，被告が購入を予定しているオーツ麦の年代について勘違いをしていることを知っていたとしても，支払いを要求される。

　とはいうものの，A が B の知っている事実について勘違いをしたために契約を締結した場合において，契約法は時折，勘違いがなければ締結しなかったはずの不利な契約から A を救済することがある。その典型的な例は，あなたが，前もって使用目的を告げて事業者から商品を購入した場合である。あなたが勘違いをしており，商品が使用目的に適さないものであることが判明した場合，実際のところ，敗訴するのは事業者でありあなたではない。あなたが事業者と締結した契約には，当該商品は，あなたがそれらを望む理由として伝えた目的に適したものであるという（あなたが事業者であれば1979年物品売買法14条 3 項上の，また，あなたが消費者であれば2015年消費者権利法10条上の）黙示条項が認められ，こうした黙示条項によって，あなたは商品の受領を拒絶して支払った額を返金されるか，商品が目的に適しなかったために受けた損害（代替物を購入する費用も含まれる）に対する賠償を求めて訴える資格を得るのである。そこで，*Smith v Hughes* において，被告が原告に馬のための飼料としてオーツ麦を欲していることを知らせていた場合には，少なくとも現在の法制度においては，被告は，原告から購入するとしていた新しいオーツ麦の代金の支払いから逃れることができたと思われる。

4．状況の変化

　前項でみてきたように，Ｂとの契約が錯誤によるものであったためにＡが不利な取引に陥った事案において，契約法がＡを救済する場合がないわけではない。他方，契約締結以降は，状況に変化が生じたという事実があっても，契約法は，Ａが契約を逃れることを手助けすべきでないという主張は，はるかに十分な論拠を有している。なぜなら，Ｂの当該取引に対する信頼を保障する必要性，及び，ＢはＡとおこなった取引を信頼してきた可能性が高いという事実（その結果，Ａが契約を逃れたならば，Ｂは利する機会を奪われるというだけでなく，積極的に不利益が与えられることになる）は，Ａによるいかなる主張にも耳を傾けるべきでないとする契約法の立場を示しているからである。つまり，契約締結後に生じた状況の変化によってＡ側の履行が難しく不可能にすらなった，あるいは，取引によってＢから得る予定だったものがＡにとっては意味のないものとなったことを理由として，今やＢとなした自己の契約は拘束力をもたない（法律家の言葉では，達成不能になった（*frustrated*））とする主張は，契約法上，受け入れられるべきでないと考えられている（特に，ＡがＢとの契約が達成不能になったと主張する後者のタイプは，目的達成の不能として広く知られている）

　状況の変化を理由に契約を逃れることを絶対に許さないとする強硬な態度は，賃借人が賃料不払いで訴えられた，*Paradine v Jane*（1646）Aleyn 26 判決によく示されている。イングランド内戦時，賃借人は，国王チャールズ一世の援護のために訪れたライン宮中伯ルパート王子指揮下の兵隊によって，物件の使用をすることができなかった，そこで，賃借人は，賃料の支払いを免除されるべきだと懇願した。裁判所は，「当事者が自らの契約によって義務や料金を負った場合，避けようのない出来事が起こったどうかにかかわらず，可能な限り成し遂げなければならない」として，被告に同情的な姿勢をとらなかった。

　こうした強固な姿勢は，焼失したコンサートホールをめぐる *Taylor v Caldwell*（1863）3 B&S 826 判決においても維持されているように思われる（本書32-33頁も参照〔訳者注〕）。本判決において，ブラックバーン判事は，

「契約上，なすべき積極的義務がある場合，……契約者は，予期せぬ出来事が起こった結果として契約の履行が思いかけず負担が過大なものとなり不可能にすらなったとしても，履行するか，不履行の際には賠償金を支払わなければならない。」と判決した。しかしながら，ブラックバーン判事は，本ルールは，契約者が，事が起きた際には拘束されないと規定する「いかなる条件にも服さないと，明示あるいは黙示した」場合にのみ適用されると（まさに正当に）判示し，かつ，契約締結の際に両当事者が「履行期が到来した時点で特定の事情が存続していない限り，その履行が不可能であること」を知っており，「したがって，必ずそうした事情を存在させるとする明示又は黙示の保証のないままに，履行期前に，契約者の責めによらずにそうした事情が消失したために履行が不可能となった場合には」，「両当事者は契約上の義務から解放されるという黙示条項に服していると解釈されるべきである」と（こちらは，正当かどうか疑わしいが）判示した。*Taylor v Caldwell* 判決は，*Paradine v Jane* 判決における絶対的に強硬な姿勢を覆す効果をもたらした。B と締結した A の契約が，契約締結後に生じた状況の変化のために A にとって不利なものとなった場合，契約法は，そうした場合には拘束されないと契約で規定されていない限り A は依然として契約に拘束されるという姿勢から，事案によっては，それでも拘束されると契約で規定されていない限り，A は契約に拘束されないとする姿勢へと移行したのである。

　Taylor v Caldwell 判決がこのように法原則を変更したことにより，イギリス契約法は，締結後に生じた状況の変化によって不利となった契約から解放されるのはいかなる場合であるかを定義するという，100年にも及ぶ途方もない無駄な試みを強いられることとなった。結局，裁判所は，「いずれの当事者にも責めがなく，状況が変わり，求められている履行が契約で引き受けられた内容と全く異なるものとなったために，契約上の義務の履行が不可能となったと認められる場合には，いつでも達成不能（フラストレーション）が生じうる」（*Davis Contractors v Fareham UDC* [1956] AC 696, 729（ラドクリフ判事による判示））という曖昧な基準に落ち着くこととなった。

　The Eugenia [1964] 2 QB 226 判決において，デニング（Denning）判事は，この基準が「まずは契約を解釈し，事が起きた場合に備えて当事者が準

備していたかどうか」に適用されるかを考察すべく，「もし準備していたならば，契約によらなければならない。達成不能は生じない。もし準備していなければ，新しい状況と，準備していた元の状況とを，比較しなければならない。そして，それがどのくらい異なるかを見極めなければならない。一方の当事者にとって，当初想定していたよりも過大な負担や費用となるという事実だけでは，達成不能を導くのには不十分である。過大な負担や過度な費用ということ以上のことがなければならない。当事者を拘束することが不公正であると積極的に言えるものでなければならない。しばしば，この線引きは難しい。しかし，やらねばならない。」

　また，*Taylor v Caldwell* 判決は，契約の履行中に実現不可能となった事案をめぐって非常に複雑な体制を，その後のイギリス契約法にもたらすところとなった。こうした体制は，1943年「法改革（達成不能となった契約）法」に示されている。第1条2項において，契約の下で支払われた金銭は，受領者が契約の履行のために被った費用を補填するための「正当な」金額を除いて，すべて返還しなければならない（そして，契約の下で発生した支払い義務は消滅する）ことが規定されている。第1条3項では，達成不能となった契約の下で履行をすでに行っていた者に対して，「相当の利得」を与えるべきことが規定されている。興味深いことに，第2条5項は，1943年法が海上運搬契約や保険契約，言い換えれば，商業的な確実性が最も重要とされる契約には適用されないことを規定している。

　一方，*Paradine v Jane* 判決に見られた絶対的に強硬な姿勢は，目的達成不能（*frustration of purpose*）の事案には残っているように思われる。したがって，状況の変化によって取引で得られる予定だったものが意味を失い，自分にとって不利な取引となったとAが訴えている場合に，当該契約が達成不能になったとする立証がほとんど認められないことは，驚くに値しない。そうした事案においては，Aはたいていの場合，Bと締結した契約に拘束されるであろう。Aが契約から解放されるのは，今まさに起きているような事態が生じた場合には履行の必要はないことを前提に契約した，ということを立証できた場合のみとなろう。

　Krell v Henry［1903］2 KB 740 は，目的達成の不能に関する事案の中で，

原告と締結した契約が達成不能になったという主張が認められた唯一の判決である。クレルは，1902年3月に国を出立し，ポールモール56A番地にあるアパートを賃貸に出すよう弁護士に依頼した。弁護士は，1902年6月26日に行われる予定であった国王エドワード7世の戴冠式を，クライアントの儲けになるちょっとした好機と考え，クレルのアパートの窓のいくつかに，戴冠式の行列を眺めることができるという広告を出した。ヘンリーは，戴冠式がよく見えるというのは自分や客人にとって良いアイデアだと思い，広告に惹きつけられた。そこで，ヘンリーはクレルに75ポンド支払うことに合意した。だが，残念なことにエドワード7世が病気になり，戴冠式は延期となったことから，ヘンリーは支払いを拒否した。クレルは合意した賃料を払うよう訴えたが，控訴審は，クレルとヘンリーの契約は，戴冠式の延期という事実によって達成不能となったと判示した。

　Krell v Henry における結論は，*Herne Bay Steam Boat Co v Hutton* [1903] 2 KB 683（*Krell v Henry* の口頭弁論が開かれた後，その判決が出される5日前に，同じ控訴院によって判決された）事件や，ヴォーガン・ウィリアムス（Vaughan Williams）判事によって提示された仮想事例として，ダービー当日にタクシーでエプソム競馬場までいくという契約事案としばしば対比される。*Herne Bay Steam Boat Co v Hutton* において，控訴院は，王立海軍の船がテムズ川を下り1902年6月28日にスピッツヘッドで戴冠したばかりの国王の前を過ぎるのを見るために，蒸気船を借りるという契約は，戴冠式の取りやめによって達成不能になっていない，と判示した。さらに，同判事は，ダービーの日に被告をエプソムまで連れていくという契約は，ダービーが中止されたとしても達成不能とはならないだろう，との見解を示した。両事案における結論は，今となっては無用でしかないサービスの対価を被告は支払わなければならない，というものであった。

　これらの事案に折り合いをつける一番良い方法は，既述のルールに効力を与えることである。つまり，目的達成の不能事案においては，Aは，まさに今生じている事態においては履行を行う必要がなくなるということを前提として契約を締結していたことを立証できた場合にのみ，Bとの契約から解放されるとするルールの適用である。AがBと契約した前提が何であった

かについては,「おせっかいな傍観者」として有名な基準を用いることによって判断できよう (*ShirLaw v Southern Foundries (1926) Ltd* [1939] 2 KB 206, 227, per Mackinnon LJ)。この基準は,ある条項を契約の中に含ませるか否かを判断するにあたり,「もしも,『おせっかいな傍観者』がAとBに今起こっている事態においても契約は依然として効力を有するかどうかと尋ねたとしたら,AとBは「もちろん,もはや契約の適用はない」と答えただろうか?と考える。

このテストは,*Herne Bay Steam Boat* 判決や,ヴォーガン・ウィリアムス判事による仮想のタクシー事例においては充足されないであろう。これらの事案において決定的なのは,蒸気船会社は毎日テムズ川を上ったり下ったりしており,また,タクシー運転手は好きな場所に乗客を運んでいることから,被告と契約することによって,同じ時間帯に他の人と契約する機会を当然に失っているという点である。したがって,もしおせっかいな傍観者が蒸気船会社に対して,「戴冠式が中止されたら,被告と締結した契約は効力を失うだろうか」と尋ねたとしたら,極めて正当に,蒸気船会社は,「もちろん,そんなことはありません。被告は依然として私に支払いをおこなわなければなりません。なぜなら,もし被告と契約しなければ,私は,戴冠式があろうとなかろうとテムズ川を下りたいという他のお客と契約を結べただろうからです。」と答えたであろう。同じことが,タクシー運転手の仮想事例にも適用されよう。運転手は,「もちろん,そんなことはありません。被告は依然として私にエプソムまでの運賃を支払わなければなりません。なぜなら,もし私が被告と契約していなかったら,誰かを望む場所まで乗せる合意を締結できたであろうからです」と答えるであろう。

しかしながら,これは,*Krell v Henry* でクレルが言いえたこととは異なっている。というのも,戴冠式が行われる予定であった2日間,彼のアパートの上の2部屋を貸し出すという契約をしても,戴冠式が挙行されようがされまいがこれらの部屋を借りたいと考える人に貸し出す機会を失っていないからである。したがって,おせっかいな傍観者基準に従えば,たとえヘンリーがクレルの部屋を借りるのに魅力を感じた理由が全くなくなってしまったとしても,依然として契約に拘束されている,と主張する正当な理由がクレ

ルにはないのである。（もちろん，クレルは，75ポンドの儲けを得るため，戴冠式が中止になったとしても依然として契約は効力を有していると言いたいであろうが。しかし，次章でみるように，法は，ただで何かを得ようとする人々が厚かましく法を用いようとすることに好意的ではない。そこで，契約で明確にしていない限り，クレルとヘンリー間の契約を，そうした意図に基づくものとは扱わないのである。）もし，ヘンリーが，ホテルの特定の部屋が戴冠式の行列を見るのに良い眺めであると認識しており，戴冠式の中止の前にその部屋を予約していたのであったならば，結論は異なっていたであろう。このような場合には，ホテルは，戴冠式が中止になったときのリスクはヘンリーにあると主張することができ，ヘンリーは依然として部屋代を支払わなければならないであろう。もしホテルがヘンリーに部屋を使用させるという契約をしていなければ，戴冠式の行列の眺めなど気にしない他の客の予約をとることができたであろうからである。

5．契約上の裁量の制御

　これまでの2つの節でみてきたように，契約当事者が不利な取引から受けるリスクに対して法が一般的に与える保護は，非常に限定的かつまばらである。最も確かな保護の形は，依然として，契約に明確に規定した明示条項である。中でも，最も確かな保護的条項とは，当事者の一方に，契約をどのように履行するか，そして，履行するかしないかについて，すなわち，不利な取引となった場合に約束を破ることを許すか，契約で得られると期待していた見返りに見合う義務が果たせるよう，義務内容を修正するかについて，大きな裁量が与えられた契約条項である。

　たとえば，AがBと締結した契約の中で，特定の条項を契約履行の**条件**としたとしよう。その結果，条件条項（*a condition*）に違反すると，Aは賠償をBに求めることが認められるのみならず，Bとの取引から解放されるよう，契約を**終了させる**（*terminate*）ことも認められる。ここで注目すべきは，「認められる」という文言である。つまり，A-B間の契約においてBに条件条項違反があっても，A-B間の契約が自動的に終了することにはなら

ず，Aが望むならば，契約を終了させる権限がAに与えられるということである。いかなる裁量も濫用可能である。そして，こうした場合においてAがA-B間の契約を終了させるか否かについて行使できる裁量も，その例外ではない。Aは，Bの条件条項違反を活かし，Bの違反が原因ではなく一般的な市場動向が原因で自分に不利となった取引であっても，当然やめることができるのである。

　こうした裁量の濫用に対してコモン・ローが与える実効的な唯一の制御とは，Bが違反した条項は実際には条件条項ではなかったとする裁判所の判示のみである（*Schuler v Wickman Machine Tool Sales Ltd* [1974] AC 235）。その結果，Aは，Bの違反がAから「契約上の利得の全て」を奪う効果を有するか，「契約の根源に関わるものであった」場合にのみ，A-B間の契約を終了できることになる。後者は *The Hansa Nord* [1976] 1 QB 44 判決におけるロスキル（Roskill）判事からの引用であるが，この事件は，契約終了権限の濫用をめぐって，コモン・ローが有する制御術を実証してくれる。

　本事案において，Aは，Bからアメリカ産の柑橘果肉ペレット3400トンを，10万ポンドで購入することに合意した。A-B間の契約では，ペレットはロッテルダムに運ばれ，「良い状態で船荷輸送される」と期待されていた。A-B間の契約が成立した後，ペレットの市場価格が8万4千ポンドに下がり，Aにとって不利な取引となった。取引をやめようと考えたAは，ペレットがロッテルダムに到着した際に検品を行い，「良い状態で船荷輸送されていない」と主張し，A-B間の契約の終了を主張した。少しでも事態をよくしようと，Bはロッテルダムでペレットを競売にかけた。ペレットは，船荷輸送のために色褪せてはいたが，Aの目的に照らして，依然として完全に適切な状態であった。そこで，Aは，代理人の一人を使って，ペレットを3万3千ポンドもの値切り価格で入手したのである。Aの行動を苦々しく思った控訴院は，ペレットが良い状態で船荷輸送されることをBに求める条項について，Bの違反はAから「契約上得られると意図していた利得の実質的な全て」（*Hongkong Fir Shipping Co Ltd v Kawasaki Kisen Kaisha* [1962] 2 QB 26）を奪うものではなかったことから，条件条項違反ではなかったとし，AはA-B間の契約を終了する権限を有していないとした。したがっ

て，B は依然として，10万ポンド全額の支払いを受ける権限を有していると
された。

　最近では，1979年「物品売買法」第15A 条において，物品売買契約の終了
権の行使をめぐる事業者間の駆け引きをやめさせることが意図されている。
15A 条は，物品を他の事業者から購入した事業者は，商品に見られる欠陥
が「あまりに些細であって，受け取りを拒否することが不合理と考えられ
る」場合に，欠陥があることを理由に受け取った商品を拒絶することは認め
られないことを規定している。（契約終了権限の行使に対して十分な制御を行っ
ていないとするコモン・ローに対する批判については，Hooley の2013年の著作を
参照のこと。）

　さて再び，A–B 間の契約において，① A が B のために行わなければなら
ない内容，あるいはその反対に，② A に許されている権限の内容，を修正
する条項が置かれている場合の話に戻ろう。①の例としては，AB 間の雇用
契約において，A が B に毎年一定額のボーナスの支払いを約束しているが，
その金額については A に裁量が与えられているとする条項が置かれている
場合である。②の例は，AB 間の金銭消費貸借契約において，A に定期的に
利率の変更が認められているという条項が置かれている場合である。現在の
ところ，B との契約において A が行使できる裁量の限界について，法の立
場は定まっていない。基本的な立場としては，A は自らの裁量を「不誠実
に，不適切な目的のために，気まぐれにあるいは恣意的に」行使することは
許されないだろうというものである（*Paragon Finance plc v Nash*［2002］1
WLR 685）。A の裁量についてのこうした制限は，AB 間の契約の中に黙示
されている条項に基礎づけられると考えられており，そうした条項の含意に
ついては，「おせっかいな傍観者」基準で容易に説明がつく。もし，お節介
な傍観者が，A は不誠実に，不適切に，気まぐれにあるいは恣意的に裁量
を行使することが許されているかどうかと尋ねたとして，A と B が「もち
ろん，許されていません！」と答えないとすれば奇妙だからである。

　しかしながら，*Compass Group UK Ltd v Mid Essex Hospital Services
NHS Trust*［2013］EWCA Civ 200 において，控訴院は，当事者の契約上の
権利と義務を変更する裁量のすべてがこのように制限されるわけではないと

判示した。おそらく，条件条項違反を理由とする契約の終了権限がどのように行使されるかについて，コモン・ローが一般的に制御していないということを念頭においた上で，ジャクソン（Jackson）判事は，Ｂが履行を怠った際にペナルティ・ポイントを課すという裁量が与えられた契約において，そうしたペナルティ・ポイントがＢにとって金融上のペナルティとなるとき，契約の中に，Ａに対して裁量を「不誠実に，不適切な目的のために，気まぐれにあるいは恣意的に」行使しないことを要求する条項を読み込むことは不適切であると判示したのであろう。こうした裁量は，「契約上の絶対的な権利」に及ぶものであり，Ａはそうした裁量を，完全に行使しても，全く行使しなくても，あるいはその中間であっても，全く自由だということである。Ａがいずれを選ぶのであれ，Ａは批判され得ないのである。両当事者が，ＡはＢに対してペナルティ・ポイントを課すことが認められることを意図しており，しかも，どのようにペナルティ・ポイントが課されるかが特定されている以上，Ａは裁量の行使にあたって，不誠実に，不適切な目的のために，気まぐれにあるいは恣意的に行うということはあり得ない，というのが，*Compass* 判決の説明としては最もうまくいく。

　しかしながら，ＡがＢとの契約においてより広範な裁量を行使する場合——たとえば，上記①，②のような場合——には，結果的に，裁量の濫用がより頻繁に起こる可能性がある。そこで，裁判所は，ＡＢ間の契約に，Ａの裁量は「不誠実に，不適切な目的のために，気まぐれにあるいは恣意的に」行使されることはないという黙示条項を読み込むのである。

　契約上の裁量について契約法が課している制限は，次章の議論につながる。次章では，より一般的に，契約上の権限が非良心的に行使されることのないよう，契約法がそうした権限の行使をいかに管理しているかについてみていこう。

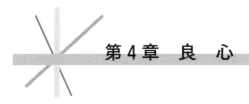

第4章　良　心

　契約法の基礎を築いた中世の裁判官たちは，2つの点で，現代の裁判官とは大きく異なっている。

　第一に，中世の裁判官は，判決を下すにあたって，王国の代表者として行動しており，これによって，王国に関する事柄に対して命令を下していたのであった。中世の裁判官は，判例法を集成していくにあたり，「民主的に」行動しているかどうかを気にする必要はなかった。判決を下し，判例法を追加していく彼らの権威は，国王に由来するものであったからである。

　第二に，裁判官による統治が，腐敗した暴君政治に陥るのを防いでいたのは，神と死後の世界に対する裁判官の信仰であった。その結果，裁判官は，自分たち自身，国王，そして訴訟当事者に対して，法は罪のための道具としてはならないという荘厳な責任を有していたのである。この責任は，国王への陳情を解決する責任を負った大法官の主要な関心事となり，やがて，大法官は国王の良心の門番として知られるところとなった。大法官の裁定をめぐってできた法体系は，特に，国王の裁判官が下した判決を覆したり，付け加えるとき，「衡平法」と呼ばれるようになった。他方，衡平法が補ったり，覆す対象となった裁判官による判決は，「共通法（コモン・ロー）」を築いていった。こうした言葉は，現代まで残っており，大法官の裁定に淵源をもつルールや法理は**エクイティ上の**と呼ばれ，王立裁判所における裁判官の判決に由来するルールや法理は**コモン・ロー上の**と呼ばれている。エクイティ上のルールや法理は，コモン・ロー上のルールや法理を修正したり補ったりするために存在すると考えられている。

　これらのエクイティ上のルールや法理は，既述のように，**良心**（*conscience*）の概念に由来している。ここで，良心とは，ブライアン・シンプソン

(Brian Simpson) が説明するように，「われわれが現代において呼ぶところの道徳法を意味しており，道徳的な罪を通して魂に災いが起こるのを避けるために特定の個人に適用されるものを意味している」(Simpson（1975），398頁，強調は原文通り)。だからこそ，シンプソンは，エクイティにおいて，契約の特定履行が与えられることがあるのだと説明する。「特定履行は，罪ある者に，魂が救われたいならばなすべきとして，物事を正しく立て直すことを強いる」からである。今やわれわれは，魂の救いを裁判所の正当な役割であるとは到底考えないが，良心という言葉，特に，非良心的という言葉は，依然として契約法に浸透しているのである。

　たとえば，*Cavendish Square Holding BV v Makdessi* [2016] AC 1172 において，最高裁判所は，あなたと私が，あなたが契約違反をしたら私にいくらかの金額（たとえば，1万ポンド）を支払わなければならないという契約をしたとしても，次の場合にはそうした規定はペナルティに当たり執行することはできないとした。それは，①この規定が，私のビジネス上の正当な利益を保護するのに役立つものではない場合，あるいは，②「そのような正当な利益があるとしても，（合意された金額が）度を越しており，法外であり，または，非良心的」（マンス判事による判示，パラグラフ [152]。強調は原著者）な場合である。そこで，裁判所が私に対して，契約違反の際にあなたが支払うと約束した1万ポンドの支払いを求めて訴えを起こすのを止め，問題となっている金額があまりに大きく非良心的であるとして，実際に訴えが却下されたと考えてみよう。私の支払請求を妨げるにあたって，裁判所は私の魂の救済に関心がないとしたら，裁判所は何に関心があるというのか。

　これには2つの答えの可能性があり，それぞれ，義務（duty）と障害事由（disability）の違いに対応している。第一の可能性として，私があなたを訴えて1万ポンドの支払を請求することに法的正当性がほとんどない場合，裁判所は，私が何か違法なことでもしているかのように，裁判によって1万ポンドの支払請求をしてはならないという義務を私に課すことが正当化されるとの見解をとることが考えられる。だが，この文脈では，あまりこうした分析はなされないように思われる。なぜなら，ともかくもあなたが自ら合意した契約条項を，私が執行してはならない義務を負っていると考えるのは，奇

妙であろう。しかし，文脈によっては，そうした分析もあり得なくはない。
たとえば，私が「道徳的に非難されるやり方で」(*Multiservice Bookbinding
Ltd v Marden* [1979] 1 Ch 86, 110)，つまり，「高齢であったり，文字が読め
なかったり，低所得である」といった脆弱性につけ込むようなやり方で
(*Portman Building Society v Dusangh* [2000] 2 All ER (Comm) 221, 299)，私に
は有利であなたには極めて不利な契約に引きずりこむなど，〔私の〕良心に
影響を与えるようなやり方で行動した場合には，契約があまりに非良心的で
あるとして，私が執行することは許されないとすることは認められる。こう
した文脈においては，私は，あなたを自分との契約に引きずりこんでおり，
あなたの脆弱性を濫用しないという義務に違反しているという意味で，不正
な (*wrongfully*) ふるまいをしていると言えるのである。したがって，裁判
所は，私が自分の不正から利得するのを妨げるため，契約を執行させないの
である。

　元の話に戻って，あなたが契約違反に対して私に1万ポンドを払うと約束
したが，裁判所によって，当該条項はペナルティとして執行不能であること
が判示された例について，こうした裁判所の姿勢を分析する第2の可能性に
ついて考える。1万ポンドの支払いをあなたに請求してはならないという義
務を私が本格的に負っているとは言えない一方，もしも法がこうした金銭の
支払いについて私があなたを訴えることを許したとしたら，紛争勃発という
形で話が終わることとなろう。そうなると，契約法は，本書第2章で述べた
ような，商品とサービスを交換するための生産的で相互利益的な制度である
というよりは，弱々しく，騙されやすい人々から利口で狡猾な者への望まし
くない富の移転を操作的に行える制度となってしまうように思われる。そう
ならないよう，裁判所は，契約法と契約制度への敬意を維持するために，私
が約束を執行することを不可能にする (*disable*) ことは賢明であると考えた
のかもしれない。こうした分析において，非良心性の概念は，人々が法的に
不正な方法で行為したり，自らの不正から利益を得たりするのを妨げるのみ
ならず，法への敬意を維持するために用いられているのである (Harding の
2016年の著作を参照)。

　裁判所は，誰かの行為あるいは契約自体を「非良心的」としてスティグマ

を与えることによって何を語ろうとしているのかをめぐって，2つの分析を見てきた。これらは，中世の裁判官たちが良心について考えていた方法を，現代版に進歩させるものとなっている。中世の裁判官が，ある契約条項の執行がそれを企てている当事者に罪を犯させる（その結果，執行当事者の「良心を揺さぶる」）ことになると考えて，その執行を拒否したと考えられる一方，現代の裁判官は，当該条項の執行は不正な行為にあたる（あまり可能性はないが），あるいは，当該条項が不正な行為によって導き出されたことを理由として（こちらのほうが，可能性が高いだろう），執行を拒否すると考えうる。さらに，中世の裁判官が，特定の条項の執行が裁判官（あるいは，裁判官が代理しているところの国王）に罪を犯させる（その結果，裁判官や国王の「良心を揺さぶる」）ことになると考えて執行を拒否したと思われる一方，現代の裁判官は，法システムに対する信用を失墜させるとして拒否するであろう。（こうした非良心性の概念をめぐる二元的な分析，つまり，訴えを提起した当事者の良心を問題にするか，裁判所の良心を問題にするかについては，Klinck の2001年の著作を参照のこと。）

　本章では，より詳しく，裁判所が，「非良心的な」結果が生じることを防ぐために，契約締結と執行をめぐって通常のコモン・ローのルールから離れる場面について個別にみていく。だが，その前に，通常のルールもまた，「非良心的な」つけこみや抑圧的行為を防ぐべく，いくらかは関心を示していることに注意する必要があろう。具体的には，すでに見てきたように，

　（1）もし，あなたが条項 x について勘違いの下で申し出をし，私があなたの勘違いに気づきながらあなたの申し出に飛びついた場合，私は条項 x が契約に含まれているということはできない。

　（2）もし，私があなたと標準書式条項について合意した場合，あなたは，私が，それらがどんなに不合理なものであったとしてもすべての契約条項に同意した，と主張することはできない。私があなたの条項全てに拘束されるのは，そう望んでいると明確に書面で示した場合のみである。こうした場合でなければ，私は通常想定される条項のみに拘束され，通常と異なるものや想定されない条項については，契約締結の前に，私の注意を惹くように合理的に示されたときのみ拘束される。

また，次のような場合もある。

（3）私が契約違反を行った場合，*Hadley v Baxendale*（1854）9 Ex 341判決で示されたルールに従えば，契約違反によってあなたが被った損失について，契約締結時に私が予見可能だったものでなければ，損害賠償を請求することはできない。そこで，たとえば，あなたの後庭にスイミングプールを設置する契約をし，6月1日までの完成を引き受けたとしよう。完成が遅れ，ようやく7月15日になって完成したとしよう。あなたが，スイミングプールが6月1日までに完成しなかったために，映画会社に自宅をセットとして使用させる機会を失ったとして10万ポンドの損害賠償を請求したとしよう。もし，私が契約締結時に，あなたがそうした損失を被ることを知らなかったとすれば，あなたは訴えることができないというのがハドリー判決の立場である。そうした損失は，私の契約違反の結果としては「遠すぎる」からである。これは公平な結果である。なぜなら，もしも私が，プールの設置が遅れることによって巨大な損失を被ることがわかっていれば，契約を締結しなかったかもしれないし，完成時期について保証することを拒否したかもしれない。あるいは，工事の遅延に伴う高額な賠償責任のリスクを考慮して，より高い金額を要求したかもしれないからである。

したがって，現代のコモン・ローは，中世のコモン・ロー裁判所の裁判官たちが自分自身や他者が罪の原因となることを避ける必要性に無関心ではなかったのと同様に，「非良心的な」結果を避ける必要性に無関心というわけでない。しかしながら，通常のコモン・ローのルールは，搾取や濫用のリスクを生じることがある。そこで，以下，本章では，契約法がそれらのリスクについてどのように対応しているかを見ていく。

1. 申し出の撤回

たとえば，私が，あなたが契約法の試験でA＋の成績をとったら千ポンドを支払うと約束したとしよう。あなたはこの約束に励まされ，契約法の試験のために特別に一生懸命勉強したが，試験直前になって，私の気が変わり，取引はやめにするとあなたに告げた。さて，どうなるか？　4つの可能

性をみていこう。

(第一の可能性)

　あなたは，私に対して何の救済手段も有さない。なぜなら，われわれの間には何の契約も成立していないからである。私はあなたと一方的契約に入る申し出を行った。それにより，１千ポンドをあなたに支払うという私の約束は拘束力をもつことになるが，それは，あなたがその約束の見返りとして要求されたことを達成した場合のみである。私の申し出を，契約法の試験でＡ＋をとるという形であなたが受け入れるまで，私の約束は効力を有さず，あなたに知らせさえすれば，どの段階でも撤回することができる。以上が，こうした状況について契約締結に関する通常のルールが規定する内容である。だが，これは，契約法の試験でＡ＋を取るために一生懸命勉強するよう励ましておきながら，最後の瞬間で申し出を撤回し，足元のカーペットを引いてひっくり返すような権限を私に認めているという意味で，あなたに酷であるように思われる。

(第二の可能性)

　私は，自分が提示した申し出を撤回することができないというものである。まさにその理由は，あなたがＡ＋をとることで１千ポンドを私からもらえるという期待に依拠しているとき，もしも私が撤回することが許されているとすれば，あなたにとってあまりに不公正——あるいは，非良心的——になってしまうからである。その結果，私があなたに何を言おうとも，一方的契約を締結するという申し出は依然として有効であり，あなたが契約法の試験でＡ＋を取得することによって承諾されうるのである。

　これは，*Errington v Errington* [1952] 1 KB 290 において控訴院がおこなった分析である。本件において，新婚夫婦は，息子と義理の娘が住めるようにと家を購入した夫の父から，住宅ローンの支払いを続けるならば，完済時には彼らの家とすることを約束されていた。父親の死亡後，依然として息子と義理の娘が家を占有しており，支払い義務を引き続き果たしていたにもかかわらず，遺言の中では，父親の妻が家を相続するとされていた。その後，夫婦は離婚し，夫は母と同居すべく実家に戻った。義理の娘は支払いを続けたにもかかわらず，義理の母親から出ていくよう告げられた。控訴院

は，「息子と義理の娘が住宅ローンを完済した際にはその家を与えるとの父親の約束は，いったん支払いが始まった以上，破棄され得ない。約束の拘束力が止まりうるのは，夫婦が分割払いの支払いをやめたときのみである」として，義理の母親の行為は認められないと判示した（デニング判事）。

　こうした分析は，*Errington* 判決においては正義をもたらしたかもしれないが，他方で，私が申し出を撤回するという言葉があなたを非常に落胆させてしまったせいで，あなたが試験であまりよい点がとれずに A 評価で終わってしまったとしても，あなたに何の救済も与えてはくれないだろう。私の申し出が技術的には私を拘束しているという事実は，あなたに何らの利益ももたさない。なぜなら，あなたが A＋ではなく A 評価しかとれなかったという事実は，私があなたに 1 ペニーも支払わなくてもよいということを意味するからだ。

（第三の可能性）

　私は，あなたと一方的契約を締結するという自己の申し出を撤回できないという契約上の義務を負っている。したがって，私があなたに自分たちの取引はなくなったといえば，私は契約違反をしているということになり，あなたは，申し出を撤回されなければ得られたであろうもの——つまり，契約法の試験で A＋をとることによって千ポンドを得られたかもしれないというチャンス——に相当する金額を損害賠償額として訴える権限を得ることとなる。これは，*Daulia Ltd v Four Millbank Nominees Ltd* [1978] 1 Ch 231 判決において，ゴフ（Goff）判事によって示された解釈である。本事案において，A は B と，B がある条件を充たしたなら何かを与えるという約束をして，一方的契約に入った。その際，「A の側には，条件の成就を妨げてはならないという暗黙の義務があり，この義務は，B が履行を開始するや否や生じる」というものであった。

　この分析をわれわれの事例に用いる際の難点は，それが，以下の 2 点，すなわち，①私は，あなたが契約法の試験で優秀な成績である A＋を取る邪魔をしないと約束しているという印象を与えていたといえるか，かつ，②私はあなたに約束の引き換えとして何かを与えてほしいと頼み，あなたはそれを与えたと，裁判所が認定できるかに掛かっている点である。文脈によって

は，①も②も存在すると認定される場合もあるかもしれず，その際には，法律家が言うところの**付帯的契約**（*collateral contract*）が主要な契約と共に存在することになる（たとえば，*Blackpool and Fylde Aero Club v Blackpool Borough Council* ［1990］1 WLR 1195 の事案においては，被告の飛行場で遊覧飛行機を運行する利権に対する入札案内は，検討するという約束——入札されたことへの見返りとしてなされた約束——を伴うと判示された）。だが，われわれの事案においては，①や②が存在するということは困難である。あなたがＡ＋を取る「邪魔をしない」という約束は曖昧であって執行不能であり，また，申し出を撤回しないという約束のように，より制限的な約束を行った，あるいは，そうした約束の見返りとして何かを頼んだとの印象を与えたとも思えないからである。

（第四の可能性）

　私は，契約法の試験でＡ＋をとれば１千ポンドもらえるという見込みによってあなたを励ましたという事実がある以上，申し出を撤回することは非良心的であるとして，あなたと一方的契約を締結するという申し出を撤回しないという非契約的義務を負っている。どの事案も，こうした分析を採用しているようには見えないが，この分析は，既述した他の分析が有する難点を避けうるように思われる。

　すなわち，私が撤回しようとした場合，あるいは，あなたがＡ＋をとり１千ポンドを取得する最中に私が撤回を試みた場合に，あなたが救済措置を得られないままに放置されることはないのである。また，この見解は，申し込みを撤回しないという私の義務を架空の約因に支えられた架空の約束によって，基礎づけようとするものでもない。むしろ，不撤回義務を非良心性の概念によって基礎づけることによって，状況が変わり，私が申し出を撤回したいと願うことについて正当な利益が生じ（例　あなたが私の妻と不貞関係にあることを知った），かつ，あなたにとってさほど不公正ではないような場合（例　私の申し出があってもなくても，あなたの試験勉強の熱心さに違いが出なかった場合）には，撤回することが認められうるという可能性を生み出しうるのである。

2．金銭債務の執行

　通常，金銭債務の執行に関するルールは，極めてシンプルである。たとえば，あなたが私の車を洗ってくれたら私はあなたに300ポンドを支払うと約束し，あなたが洗車を行ったなら，私はあなたに300ポンドを負っており，あなたは私を訴えて300ポンドを請求することができる。このルールはあまりに単純であるため，金銭債務の履行を求めて訴える場合には，事実が非常に明らかであり，被告が責任を回避できる見込みはないと考えられることから，通常は，略式判決が可能である。しかしながら，またもや良心の概念が，金銭債務の執行にまつわる様々な問題に関連して，生じてくるのである。

（1）約束的禁反言（エストッペル）
　たとえば，あなたが私の車を洗ってくれたことから私はあなたに300ポンドを負っているが，私にはあなたに支払う300ポンドがないとしよう。あなたは損失を減らすことを決め，もし私が100ポンド払うなら，残りの200ポンドについては忘れてやると約束してくれたとしよう。私は債務が安価で免除される見込みに安堵し，なんとか100ポンドを急いで掻き集めてあなたに渡したとする。ところが，あなたは踵を返して，残額200ポンドの支払いについて私を訴えたとする。あなたには，訴える権利があるだろうか。この点について，かつては可能と考えられていた。残額200万円について私を訴えないとする約束は，有効な約因が認められず，法的拘束力がないと考えられていたからである。というのも，私からあなたへの100ポンドの支払いは，私がすでにあなたに対して義務を負っている事柄についての約束に過ぎない（*Foakes v Beer*（1884）9 App Cas 605）からである。しかしながら，*Central London Property Trust Ltd v High Trees House Ltd*［1947］KB 130 におけるデニング判事による判決を皮切りに，そうした状況は厳格に法的権利を執行することが非良心的と考えられる場面にあたるとして，前言を覆して残額200ポンドを求めて私を訴えること**を妨げられる**（*estopped*）可能性があると考えられるようになってきた。*High Trees* 判決及びそれ以降の判決の歴史

については，とりあえずここまでとし，しばしば**贈与の約束**と呼ばれる法的処理について扱う第6章で詳述する。

（2）実質的な（substantial）履行

　車を洗ってくれたら300ポンドを払うと私があなたに約束したところ，あなたは私の車を洗ったと主張している。それに対して，私は，たしかに車自体は内も外も汚れひとつないように見えるが，トランクの中が掃除されていなかったため，厳密にいえば，あなたは車の全てを洗い終えたとは言えないと主張したとしよう。たしかに，厳格に言えば，私の言っていることは正しい。洗車するとは，車の全てを洗うことを意味し，トランクも含まれるからである。しかしながら，こうした言葉の技巧によって，他の残り全ての部分を洗い終えた労に対して一切の報酬が奪われるならば，あなたにあまりに酷な結果となろう。こうした事態を避けるため，裁判所は，あなたは洗車の**仕事を実質的に履行**し終えたとする準則を採用してきたのであった。この準則によって，私は約束した通り300ポンドを支払わなければならなくなる。

　同法理は，*Hoenig v Isaacs*［1952］2 All ER 176 において適用された。本件において，原告は被告のアパートの内装工事を750ポンドで引き受ける契約をした。被告は，アパートの簞笥のドアの取り換えが必要であり，実際に本棚のドアの一つを取り換えたことを理由に，報酬の支払いを拒んだ。控訴院は，原告はアパートの内装を行う義務を「実質的に履行した」として，合意した報酬について権限があると判示した。言葉の上では完全な履行とはいえない労務に対して全額を支払わされることによって被告に生じた不正義については，被告は原告を，契約違反があったとして，原告による履行の欠陥を修理するためにかかった損害賠償額の支払いを求めて訴えることができるという事実によって緩和されることとなった。しかしながら，これは，あなたが私の車を洗った事例にはあてはまらない。なぜなら，あなたは私の車を洗う義務を負っておらず（我々の間の契約は，一方当事者である私のみが――もし，あなたが洗車してくれたら――300ポンドを支払う義務を負っているという，一方的契約だからである），私はトランクを掃除するためのコストを損害として訴えることはできないからである。したがって，*Honenig* 判決と比べ

て，先ほどの事例において同法理を用いることの正当性は低いといえよう。

（3）契約終了（terminate）の拒否

White & Carter Councils v McGregor［1962］AC 413 において，被告の
マクグレゴール氏はクライドバンクで倉庫を経営していた。マクグレゴール
氏は，市との間で，3年間にわたって市内のいくつかのごみ箱に自分の倉庫
の広告を掲示するというという契約を締結していたが，すぐにこの取引を後
悔し，市に対して宣伝を望まないと告げた。マクグレゴール氏による履行拒
絶（repudiation）によって，市は，契約を終了させる権限，及び，適切に履
行されていたとしたら得られたであろう純利益に相当する損害賠償額の支払
いを求めて訴える権限を有することになった。ここで，純利益とは，D ポ
ンド（契約が適切に履行されたとすれば，市に支払われたはずの金額）から E ポ
ンド（契約を履行するために市が被ったであろう費用）を差し引いた額に相当
するものであった。しかしながら，市は，契約を終了させなかった。市は履
行を続け，D ポンド（ごみ箱に広告を掲載することについて，マクグレゴールが
市当局と合意した金額）の支払いを求めてマクグレゴールを訴えたのである。
マクグレゴール氏は，広告掲載中止を申し出た際，市は契約を終了させるべ
きであり，その結果，D ポンド-E ポンドの支払いを請求すべきだったと主
張した。

White & Carter Councils 判決が出された当時，関連する先例としては，
一方当事者が他方当事者の履行拒絶を受け入れるより他に選択肢がなかった
ために，契約を終了させた事案が一件あるのみであった。だが，これは，適
切に契約を履行するために，当事者双方の協力が必要な事案であった（例
あなたの肖像画を描く契約においては，取引の履行についてどちらか一方でも拒
絶すれば，契約を終了させることを選択し，損害賠償請求する以外に選択肢がな
い）。しかしながら，*White & Carter Councils* 事件では，市は，マクグレゴ
ール氏の協力を必要とはしていなかった。そこで，貴族院（現在の最高裁判
所に相当［訳者補充］）は，市当局は，マクグレゴール氏を契約に拘束する権
利を完全に有しているとして，D ポンドについて賠償請求することを認め
たのであった。しかしながら，ライド（Reid）判事は，他方当事者に履行の

必要性がなくなったというだけで，契約を終了することを受け入れる必要は
ないという一般原則に対して，例外がありうることを示唆した。「損害賠償
ではなく契約履行を求めるにあたり，経済的なものであれそれ以外であれ，
正当な利益が全くないことが示されれば，他方当事者に追加的な負担（本件
においては，D-E ポンドの損害賠償額に対して，D ポンドの支払いの履行）を負
わせることは，本人になんら利益をもたらすものではなく認められるべきで
はない場合もある。」そのような事案においては，「履行拒絶によって契約違
反された被害者が，契約を終了させてシンプルに損害賠償請求することを受
け入れず，相手当事者を契約に拘束して権利の厳格な行使にこだわるなど非
良心的にふるまうのを妨げるため，通常の裁判所の衡平法権限が起動する可
能性がある。」と，ライド判事は判示したのである。

　ライド判事は，原告である市当局が，マクグレゴール氏を契約に束縛する
正当な利益を有してないなどということは「ありえそうにない」と考えたの
であった。だが，果たして本当にそうだったであろうか？　その後の判例法
では，B が当該契約による拘束を希望しない場合，単に A 側に当該契約の
下で金銭を稼ぎたいとの欲望があるだけでは，B を拘束することに正当な理
由は与えられないとする判例法を確立した（*The Alaskan Trader* ［1984］1 All
ER 129）。そうであるとすれば，マクグレゴール氏を契約につなぎとめるに
あたり，原告である市当局が有していた正当な利益とは何のことなのか？
想像に難くない。契約の履行によって，原告市当局は，単に広告料として
D ポンドを得られたはずだということのみではなく，ごみ箱に掲示された
マクグレゴール倉庫の広告を見た他の事業者が同様に宣伝をしてもらいたい
と思うかもしれないことから，さらなる顧客を得る機会をも得られたはずな
のである。もしも市当局がマクグレゴール氏に損害賠償を求めて訴えたとし
ても，将来的な事業者を取得できたかもしれないという機会の損失は算定不
可能であり，適切に賠償されることは不可能であっただろう。そうだとすれ
ば，市当局は，契約を終了させたのでは賠償不可能な損失――すなわち，よ
り多くの事業者を呼び集めるという機会の喪失――を被ることになってしま
う。これこそが，まさに，市当局がマクグレゴール氏を契約へと拘束する正
当な利益なのである。

（4）違約罰条項

　損害賠償額予定条項とは，A に契約違反があった場合に A は一定額の支払いをするというもので，B はただちに予定された金額を債務として支払請求することができる。これにより，B は，契約違反で A を訴えて損害賠償請求をするという面倒を回避することができる。B は，損害発生の立証，損害額の立証を行うことがなく，また，損害額を限定しようとして加害者 A から主張される抗弁に対応する必要がなくなるのである。しかしながら，契約上 A が負っている金額が極端に大きい場合には，裁判所は，損害賠償額予定条項が**違約罰**（*penalty*）に達するとして執行を拒む。

　White & Carter Councils 判決において，ライド判事は，履行拒絶の被害者が契約違反者を契約に拘束しようとするのを認めない衡平法と，違約罰の執行を認めない準則との間に，類似性を見出した。つまり，違約罰を執行することが認められないのと同様に，他の救済方法が等しく利点を有しているにもかかわらず一つの救済方法にこだわることによって他方当事者を罰することは認められないとされた（［1962］AC 413, 431）。いずれの法も，「当事者が特定の救済方法にこだわる利益がない場合，それを押し通すことは許されない」という一般原則に根差しているとライド判事は考えた。*Cavendish Square Holding BV v Makdessi* ［2016］AC 1172 判決（さらに，上訴審で共同審理された，*ParkingEye Ltd v Beavis* ［2015］UKSC 67）において，最高裁判所は，違約罰条項に反対する準則の論拠について，本見解を完全に支持した。

　Makdessi 事件を判断したすべての最高裁判所判事は，AB 間の契約において，A に契約違反があった際には A は B に対して x ポンドを支払う責任があるとの規定がなされている場合，そうした規定が違約罰に達しているかどうかを決定するにあたっては，B が A に x ポンドを支払わせるだけの正当な利益を有しているか否かによる，との見解に同意した。マンス（Mance）判事が示した損害賠償額予定条項が違約罰に達しているか否かについての判断基準については，既に述べた通りである。ニューバーガー（Neuberger）判事とサンプション（Sumption）判事にとっては，同基準は，「非難の対象となっている当該規定が……契約の強制的執行によって，潔白な当事者が受

ける正当な利益とは全く釣り合いを失うほどの損傷を，契約違反者に対して与えるものであるか否か」であった。それに対して，ホッジ（Hodge）判事の基準は，「契約違反の結果として規定された金額が，潔白な当事者が契約の履行から受ける利益に照らして，法外かあるいは非良心的か否か」であった。

違約罰条項に反対する準則を長年批判してきたサラ・ワーシングトン（Sarah Worthington）は，*Makdessi*事件について，最高裁判所の判決は，損害賠償額予定条項が契約の履行にあたって一方当事者が求めうる正当な利益の額を大きく超えている場合になぜ執行してはならないのかについて，全く説明していないと不満を述べている。しかしながら，既述の通り，*Makdessi*判決で再度述べられていたように，違約罰条項に反対する準則の論拠を推測することは困難ではない。法は，経済学者が呼ぶところの「レント・シーキング」，より口語的に言えば「ただで何かを得る」者の手助けに利用されることに対して，強い嫌悪感を持ってきた。

ロバート・シラー（Robert Shiller）によるレント・シーキングの古典的な例としては，封建領主が自分の土地を流れる川にチェーンを渡し，川を下る人々に課金した上で，チェーンを下げて航行を続けさせてやったというものである。こうしたレント・シーキングの行動について，根本的に土地や他の資源に対する私的所有権を否定することなしに，法ができることはさほどない。しかしながら，違約罰に関して言えば，それらはあまりに行き過ぎたものであって，契約違反を契機として，違反された被害者がいかなる労もなしに違反者から大金を獲得する機会を得られることを期待して契約に挿入したに違いないのだが，その執行には裁判所の助けがいるという点が異なっている。そして，裁判所に助けが求められたとき，裁判所は単に「だめだ」ということができ，裁判所が言う「だめ」は，純粋に生産的な商業活動には何の有害効果も与えることはないのである。

あいにく，*Makdessi*事件と*Parking Eyre*事件におけるどちらの契約違反に関する条項も，レント・シーキング的な動機によってもたらされたものとは言うことができなかった。そこで，どちらの条項も，違約罰であるとして排斥されることはなかったのである。

Makdessi 事件は，実際のところ，損害賠償額予定条項を含んでいなかった。*Makdesssi* 事件における契約は，マクデッシ（以下，M）氏からキャベンディッシュ（以下，C）氏への TYR 会社の株式譲渡の契約であった。契約には，M 氏に対し，TYR 会社の株式を保有している間，あるいは，全株式の譲渡後 2 年間は，TYR の利益に損害を与えるような行動は行わないことを求める非競争条項も含まれていた。契約はさらに，もし M 氏が当該条項に違反した場合，いくつかの制裁として，C 氏は M 氏への未払いの契約代金を一切支払わないこと，C 氏は M 氏の残りの株式を特別価格で購入できるオプションを有することを規定していた。これらの制裁が違約罰にあたるとする M 氏の主張は，退けられた。なぜなら，これらは，全くもって，C 氏の TYR 社への投資が M 氏によって損なわれないよう，保護するための正当な手段だったからである。

ParkingEye 事件において，ベアヴィス氏は約 3 時間，スーパーマーケットの駐車場に車を停めた。駐車場の注意書きには，明らかに，2 時間以上駐車した者はだれであっても85ポンド（即金で支払う場合は，50ポンドに減額可能）支払わなければならない，と記載されていた。この注意書きが違約罰にあたるとのベアヴィス氏の主張は退けられた。なぜなら，時間延長者に85ポンドを支払わせることは，そのスーパーマーケットで買い物したいと考えている顧客に駐車スペースを確保し，さらに，顧客の駐車時間を監督するための費用に充てるという正当な目的に役立っているからである。また，85ポンドという金額は，この目的を達成するのに行き過ぎた金額ではないと考えられたのであった。

3. 没 収

衡平法（上の管轄権）は，「没収（forfeiture）」に対して二つの救済を設けているが，これらは二つの類型（第一類型；A が B から商品またはサービスを購入する契約を行い，手付金を前もって支払い，もし A が対価の全額の支払いを拒んだ場合には，B は手付金を保持する権限を持つ。第二類型；AB 間において，A が分割払いをする見返りとして B から所有権を得るという契

約を締結し，契約では，万一Ａが支払いの継続を怠ったときには，当該所有権は
Ｂに復帰する）に分けられる。。

　違約罰条項に反対する準則と同様，もしも手付金の額が，Ａによる契約
の履行からＢが得る利益に比べて過大である場合，裁判所は，第一の類型
の没収に対抗する救済手段を与えるであろう（*Makdessi* 判決パラグラフ［227］
のホッジ判事による判示部分を参照）。「過大」に当たるか否かについては，商
慣習として土地の売買契約において価格の10％の手付金をもらい受けること
は正当とされてきたものの，状況に応じて個別に判断されることになろう
（*Workers Trust & Merchant Bank Ltd v Dojap Investment Ltd* ［1993］AC 573）。
ロンドンの住宅相場はますます上昇を続けており，100万ポンドを超えてい
ることから，将来的には，そうしたラッキーな住居保有者にとって，ロンド
ンの住宅を買う契約をしたものの期限までに残代金の支払いのできなかった
人々の手付けを懐に入れることは，簡単に儲かる仕事となろう。

　第二類型の没収については，分割払いの継続を怠ったＡが，Ｂに負って
いる契約代金全額を払う準備と意思があることを示すことができれば，救済
可能である。こうしたタイプの救済は，譲渡抵当権契約において大きな意義
を有する。譲渡抵当権契約は，Ａの土地購入のためにＢが金銭を貸与し，
その見返りとして，Ａのローンの支払いが滞った場合にはＢがＡから土地
を取りあげて売却し債務の弁済にあてられるよう，土地に担保またはリース
権を設定するというものである。Ａとしては，極めて深刻なローン残金の
一括支払となるが，それでも，他の貸主から代金を借りてきて全額の支払い
を済ませることがでれば，いわゆる「譲渡抵当権実行（foreclosure）」を防ぐ
ことができるのである。

　ただし，第二類型の没収からの救済の条件は，第一類型には当てはまらな
いことに気づかされる。たとえば，ＡがＢから200万ポンドで家を購入する
契約をして，標準的な手付金額として20万ポンドを支払ったとしよう。その
際，契約書において，6月1日10時までにＡは残額を支払わなければなら
ないとされ，「履行期は，本契約の要素である（time is of the essence）」と規
定されていたとすれば，この条項に反することはいかなることであっても重
要な契約違反と捉えられ，ＢがＡとの契約を終了させることを正当化する

であろう（法律家の用語に従えば，履行期に関する条項は，条件条項になる）。
その結果，Aが10時5分に全額を提供したとしても，裁判所がAのために
できることは何もない。BはAとの契約を終了させる権限を得て，手付金
を取りあげるであろう。Aが今や準備が整っており，支払う気があるとい
う事実は，問題とされないであろう。裁判所は，Aに少しばかりの救済と
して，「履行期は，本契約の要素である」という文言を無視することによっ
てAの違反はBによる契約の終了を正当化しうるほどには重大ではないと
判示することもできたかもしれない。そうすれば，Aは，Bとの契約をなん
とか維持でき，手付金を奪われなくてすむことになろう。しかしながら，
Union Eagle Ltd v Golden Achievement Ltd ［1997］AC 514 判決において，
枢密院（司法部）は，土地の購入者が購入代金を支払わないとき，売主はど
のような地位を得るのかについて知る必要性に言及して，こうした手法をと
ることを否定したのである。あるいは，裁判所は，Aに対して幾分かの救
済として，Bが契約終了権の厳格な行使によって非良心的行為をおこなうこ
とを否定できたかもしれない。しかしながら，*Lombard North Central v
Butterworth* ［1987］QB 527 判決において，控訴院は，違約罰に反対する準
則をこうした場合にまで拡張することはしなかった。本件では，Bは条件条
項となる特定の条項を明記しており，その条項の違反は，契約終了という形
で「制裁され」うるものであった。したがって，イギリス法が唯一，条件条
項違反を理由とする契約終了権の非良心的な行使に対して救済らしきものを
与えるのは，1979年「物品売買法」第15A条が適用される場合のみというこ
とになる。

4．契約の取消（recession）

（1）取消の本質と根拠

　「契約終了（termination）」や「取消（rescission）」といった語は，契約法
を専門とする法律家によって，しばしば互換的に用いられている。だが，本
来そうであってはならない。契約終了とは，途中で中止になることを意味す
る。つまり，一般的ルールとして，契約が終了された後には，生じるはずだ

った義務は存在しなくなる一方，契約終了の前に生じていた義務は効力を有したままだということである。それに対して，契約が取消されるとは，あたかも一度も存在しなかったかのように消滅するということである。それゆえに，取消可能な契約は，しばしば，**無効になりうる**（*voidable*）と言われるのである。契約が取消されたら，無効になるのであり，無となるのである。したがって，AがBと契約を締結したが，後に契約を取り消したとすれば，AもBも双方とも，契約違反で相手方を訴えることはできない。取り消された契約は，あたかも一度も存在しなかったかのように扱われ，それゆえ，違反する対象となる契約がなかったことになるからである。

　契約が取消されうる根拠は，十分に確立している。Aが契約締結に至った理由が，①**不実表示**（*misrepresentation*），または，②**強迫**（違法な脅し（*duress*）），③**不当な影響力の行使**（*undue influence*）による場合，Aは契約を取り消す権限を有する可能性がある。ここで，Aが取消権を有することになるかどうかは，Bが①，②，③に対して責任を有していたか，（また，Bに責任がなければ，Aが①，②または③のために契約締結を行う場合に，どれだけBがそのことに気づいていたか），Aの契約締結からどのくらい時間が経過していたか（取消までの時間があまりに長い場合には，取消権を失う），そして，Aは契約上Bから取得した物すべてをBに返還できるかによる。また，Bとおこなった契約が非良心的な契約となった場合，Aは取り消すことが可能である。AがBと行った契約が非良心的取引となる条件については既述の通りである（本書，55頁）。だれか（必ずしも，契約の相手方であるBでなくてもよい）が，Bにとって有利かつAにとって不利な契約に引き入れようとして，Aの脆弱性に非良心的につけ込んだことが立証されなければならない。

　取消は，しばしば救済措置だと言われるが，何に対する救済措置だというのか？これには，いくつかの可能性がある。①契約締結に際して，契約当事者が享受すべき自由のないままに，AがBと契約締結をしたという事実に対する救済，②Aの契約が，あからさまに非良心的な行為を含んではいないが不正な行為の結果であることに対する救済，③Aの契約が，あからさまに非良心的な行為を含んだ不正な行為の結果であることに対する救済，④

AがBとの間で締結した契約に縛られるとすれば法の信頼性が損なわれるだろうということに対する救済，である。

（2）非良心的契約

非良心的契約であることを理由としてAがBと締結した契約の取消を認められる場合，取消という救済措置がAに許される理由としては，既述の③か④によるものであるということは，非常に明らかであるように思われる。だが，理由③と理由④のいずれが正しいのかについては，次のような問いに正しい分析を行うことができるのはどちらかによって試されよう。Aが，その脆弱性に非良心的につけ込むようなBの勧誘によって契約を締結したことから，損失を被った場合，AはBに対して損害賠償請求を行うことはできるだろうか。

もしもBの非良心的なつけ込み行為が不法行為にまで達するものであれば，AはBを訴えることが可能である。このことは，一般的に，不法行為の被害者が通常，不法行為者に対して，当該不法行為から生じた損失の補填を求めて損害賠償請求することが許されているのと同様である。そして，Bの非良心的なつけ込み行為が不法行為に達している場合に，Aが契約の取消を許される根拠は③であろうと思われる。

他方，Bの非良心的なつけ込み行為が不法行為にまでは達していない場合には，Aが契約を取り消せる根拠は④の見解によるものだと考えざるを得ない。別の言い方をすれば，Aは，もしも契約法が高齢者，識字障害者，貧困者の脆弱性につけ込んで彼らから金銭を巻き上げる道具として用いられたならば信頼性が損なわれることから，契約取消を認められるのである。現在のところ，非良心的行為によって契約締結に至ったことによって損失を被った場合に，相手方に対して損害賠償を請求できるか否かについて判断を下した裁判例は出ていない。したがって，契約取消の根拠が③によるものか，④によるものかは未解決のままである。しかし，明らかなことは，良心への配慮が，取消事案の背後にあるということである。唯一の問題は，契約取消を認めるにあたっての契約法の第一の関心が，他人の脆弱性につけ込んで不公正な契約に引きずり込むという許しがたい行為を行った者の良心にあるの

か，契約法制度の良心に向けられているか，である。この他の取消の根拠についてみていこう。

（3）不実表示

　Aが，第三者による**詐欺的な**（*fraudulent*）供述あるいは**不注意な**（*negligent*）供述を受けてBと契約した場合，取消が認められる理由が②によるものであることは，明らかなように思われる。当該契約は，明らかに非良心的な行為が関与しているとはいえないが，不正な行為の産物である。非良心性概念が存在しない法制度においても，人々が故意に嘘をついてはならない義務や，状況によっては，真実が伝わるよう配慮する義務を負っていると認めることは可能である。しかしながら，BがAに対して**知らずに**（*innocently*）不実表示をしてしまった場合にも，Aには契約取消が認められうる（*Redgrave v Hurd* (1881) 20 Ch D 1）。これは，なぜか。

　トニー・ワイア（Tony Weir）によれば，ここには，良心基底的な配慮が関係しているとする。すなわち，故意に嘘をつくことは，もちろん，明らかに悪いことであるが，知らずに誤った供述をすることはそうとまではいえない。しかし，あなたの言ったことについて誤りがあり，相手方があなたを信じてその誤りを基礎として契約を結んだ場合，知らずに生じさせたとはいえ，あなたがその誤りを利用しようとするなら，あなたは非常に悪いことをしていることになる。そして，衡平法は，あなたがそのようにふるまうことを許さないのである。取引自体には詐欺がなかったとしても，そうしたふるまいの中に詐欺を見い出せるからである（Weir 1992, 1624頁）。AからBへと焦点を移すことによって，知らずになされた不実表示について取消が認められる説明がつくとしても，問題となっている契約がすでに履行されており，結果としてBがAを訴えようとしていない場合にも，契約取消が認められることの説明は難しい。ここで，①と④の見解が残されている。①の見解は，Aはなんらかの不実表示ゆえに契約を締結したとすれば，Aには契約を締結するか否かについて決定するための十分な自由が与えられていなかったことになるため，Aには取消が認められるとする。④の見解は，知らずになされた不実表示によって締結された契約がAを拘束するとすれば，契

約法の信頼性が損なわれるため，Ａに取消を認めるとする。だが，①の見解は，契約法において，Ａが錯誤によって契約締結をおこなったが，それが不実表示によるものでなかった場合には契約取消が認められない（*Green Peace Shipping Ltd v Tsavliris Salvage Ltd*［2003］QB 679）こと，また，不実表示によって引き起こされた錯誤の結果として契約締結をした場合と，そうでない錯誤の結果として契約締結をした場合とで，Ａが享受する自由の質にほとんど違いがみられないことを考えると，難しいと思われる。ここで，④の見解が残される。④の見解は，知らずになされた不実表示を理由とする契約取消を正当化する根拠として，十分立ち向かっていけるように思われる（より詳細な議論については，Bridge（2004）及び McBride（2017），165-66頁）。

（4）強迫

　身体または財産に対する不法な強迫を回避するために締結された契約の取消は，①の根拠に基づいて容易に説明できる。実際のところ，銃を頭に突き付けられて契約書に署名した場合には，契約を締結するのに必要な意思の自由を欠いており，そのような状況下での合意は契約に達しているとは認められないであろう。

　Ｂから，既に締結している別の契約に違反すると脅されて（「100グラムあたり２ポンドでリンゴを私から購入することに合意しなければ，100グラムあたり３ポンドで売却すると契約した梨を引き渡さないぞ」），Ａが契約締結に入った場合，通常，Ａは取消の権利を有することになろう。だが，なぜか？　Ａに対する脅しは，Ａには①の根拠により取消の権利があるというには，あまりに些細ではなかろうか？　われわれは，Ｂの脅しは不正であり，したがって，Ａは②または③を根拠として取消権を有すると言えないだろうか？難しいのは，たしかに契約違反は不正であるが，契約違反をするぞという脅しは不正なのかについてはさほど明確ではない点である。契約違反をするというＢの脅しが**害意**（*bad faith*）によるものである場合のみ，ＡはＢとの契約を取り消す権利を有するであろうとされてきた（*DSND Subsea Ltd v Petroleum Geo Services ASA*［2000］BLR 530, at［131］）。害意に基づいて契約に違反するという脅しは不正な行為に達するという示唆は説得的であるが，

もしそれが本当に不正な行為であるなら，非良心的行為の要素を持っているということになる。その結果，契約違反をするという脅しの形がとられた強迫を理由として契約を取り消す場合，その根拠は③であるように思われる。

　完全に行う権利のある事柄を行うというBの脅し（「100グラム2ポンドで私からリンゴを買うことを約束しなければ，私はあなたに今後どんな果物も絶対に売らない。」）を避けるために，AがBと契約を締結した場合はどうなるであろうか？　文献や判例によれば，いわゆる合法な（*lawful*）行為による脅迫もありうるとされているとはいえ，そうした事案はほとんどない。ありうると考えられる標準的な場面としては，ゆすりによって契約を締結した場合である。そしてAB間の契約が非良心的取引に達している場合のみ，取消が認められることになりそうである。つまり，契約がAにとって実質的に不公正であって，BによってAの脆弱性が許しがたいほどにつけ込まれた結果の契約であるという場合である。

（5）不当な影響力

　不当な影響力（undue influence）の本質については，契約法学者によってうまく理解されてこなかった。とりわけ甚だしい問題を生じているのが，「不適切な圧力のあからさまな行使や，不法な脅しのような強制」という**現実の**（*actual*）不当な影響力の特徴づけである。引用は，*Royal Bank of Scotland v Etridge*（No 2）[2002] 2 AC 773（at [8]）おけるニコルス（Nicholls）判事の判決から来ている。しかしながら，ニコルス判事も，そして実際には，本判決における多くの判事たちも，現実の不当な影響力をこのようには考えていないことは明らかである点には救われる。不当な影響力の二大分類とされる，**現実の**不当な影響力と**推定的な**不当な影響力とは，実際にどうであったかではなく，どのように立証されたかによる区別である。実際にどうであったかという観点からみれば，両者は同じものである。両者の違いは，現実に不当な影響力が行使された事案においては，Aが不当な影響力を受けて契約締結を行ったことを立証しなければならない。他方，不当な影響力の行使が推定される事案においては，Aは，Bの不当な影響力によって契約を締結したのだという推定を提起し，それに対する反証をBが行

わなければならないというものである。Ｂが反証できなければ，裁判所は，ＡはＢによる不当な影響力を受けて契約を締結したと認定するのである。

　それでは，不当な影響力とはどのようなものであるか？　あなたと私との関係が，あなたがやれと言えば私が何でもするであろうという関係にまでなっているとき，それは不当な影響力の存在する関係となる。こうした関係は，たとえば，あなたが私に対してあまりに深く恋に落ちていて，私が何を言おうとあなたが従うといった心酔状況にみつけることができよう。しかし，よりしばしば起こるのが，権威に基づいた関係である。つまり，あなたが私を権威ある人物と思っており，そのために，私が何を言おうともあなたは従うであろうという関係である。また，もしあなたが，何をすべきかについて自分で意思決定するよりも，私に指示してもらった方がより良い人生を送れると信じているとすれば，あなたは私を権威ある人物と思っているであろう（誰かにとって他人が権威ある人物になるとはいかなることかに関する説明については，ラズ（Raz）の1986年の文献（53頁）等を参照）。したがって，誰かがあなたにそうしろと言ったので契約を締結したということを実際に立証したならば，あなたは不当な影響力ゆえに契約締結をしたということが証明されたことになろう。しかしながら，より一般的なのは，不当な影響力があったために契約を締結したということを証明するために，推定を用いることである。

　第一に，あなたは，われわれの関係においては，私があなたにやれと言ったことは何でもすると期待されるのが通常だったとし，さらに，あなたの締結した契約は，あなたにとって非常に不利で私にとって非常に有利なものであることを示すことによって，不当な影響力の行使の推定を提起するということが考えられる。こうした状況においては，私があなたに対して有していると推定される力を行使して，あなたを契約締結へと仕向けたとする説明が最も自然である。

　第二に，あなたは，われわれの関係は，私が言ったことならあなたが何でも従うような関係であったことを実際に立証することによって不当な影響力の行使についての推定を提起し，その上で，あなたが締結した契約が私に非常に有利で，あなたに非常に不利なことを示すということも考えられる。こ

うした状況においては，実際に立証された力を行使して私があなたを契約へ
と仕向けたために，あなたがそうした契約を締結することになったという説
明が最も自然である。

　私がやれといったことならあなたが何でもするだろうという関係であるこ
とを，あなたが立証しなければならないのはどのようなときか。その答え
は，あなたが何でもすると期待されることが普通ではない場合である。たと
えば，夫婦や，銀行経営者とその顧客である。妻は，通常の夫婦の場合，夫
がやれと言ったことを何でもするわけではないし，顧客も銀行経営者がやれ
ということを何でもする傾向にはない。したがって，夫にとって非常に有利
で妻にとって非常に不利な契約を妻が締結した場合，妻が夫からの不当な影
響力のために契約締結をしたという推定を提起したいと望むならば，妻の方
で，自分たち夫婦間の関係は夫がやれと言ったことは妻が何でも従うもので
あったことを立証しなければならない。そして，締結された契約内容が，妻
にとってさほど不利でない場合には，夫の不当な影響力ゆえに契約を締結し
たことが認められる唯一の方法としては，夫がやれと言ったことは何でもす
るような関係があったこと，かつ，夫は妻を契約締結へと仕向けるにあたっ
てそうした影響力を行使したことを立証することによって，現実に影響力の
行使があったことを示す以外にはない。

　以上の点から明らかなように，不当な影響力の行使は，脅しとは無関係で
ある。そうした印象は，合法な行為による強迫に関する19世紀の判例から来
ている（*Williams v Bayley* (1866) LR 1 HL 200）。本判決において，息子の借
金を保証する契約は，息子を文書偽造罪で刑事告訴するという脅しによって
引き出されたものであったことから，父親に対して拘束力を有しないと判示
された。ただし，本件は，当時，強迫で契約の取消を訴えるのに期間制限が
あったことから，不当な影響力の行使として訴訟提起されたという事情があ
った。不当な影響力の行使に関する全体的なポイントは，不当な影響力を帯
びた関係が二人の間に存在する場合，一方を脅す必要もなく得たいものが得
られるということである。何をするべきか伝えるだけでよいのである。しか
し，あなたが私の不当な影響力ゆえに契約を締結したことを（全てを証明す
ることによって，あるいは，推定を用いることによって）立証できた場合に，裁

判所が契約の取消を認めるのはなぜか？

　この点については，二通りの見解がある。第一の見解は，不当な影響力を理由に契約の取消が認められるとしたら，それは理由①によるものであるとする。すなわち，不当な影響力ゆえに契約を締結したために，あなたは契約を締結するか否かを選ぶ自由を享受することができなかったと考えるのである（Birks & Chin, 1997）。第二の見解は，不当な影響力を理由に契約取消が認められるのは，理由③によるものだとする。すなわち，不当な影響力の下で契約を締結したということは，その契約は，ある種のきわめて非良心的なふるまいを伴う不正な行為の産物だと捉えるのである。

　CIBC Mortgages v Pitt ［1994］1 AC 200 判決において，ブラウン＝ウィルキンソン（Browne-Wilkinson）判事は，第一の見解を指示した。本事案において，不当な影響力の下に契約締結したことを立証できた場合には，たとえその契約が有利な内容であったとしても契約取消が可能であろうと判示した。契約締結があなたの利益になっているなら，契約取消が認められる理由は①であるに違いない。あなたの最善の利益のために影響力を用いるということが非良心的行為だとみることはかなり難しいからである。他方，*Etridge* 判決において，ニコルス判事は第二の見解を指示した。本件において，「一方の他方に対する影響力が濫用されないことを確実にする」（パラグラフ［6］）ために，契約法は，不当な影響力下での契約取消を認めるとし，さらに，不当な影響力の行使は「不正な行為（wrong）」になる（パラグラフ［13］，［41］，［44］）としている。同様に，ホフマン（Hoffmann）判事は，*R v Attorney General for England and Wales* ［2003］UKPC 22 判決において，不当な影響力の行使は「特に，一方が他方に支配権や影響力を生じさせている関係における，不公正なつけ込み」に着目するものだとした。

　おそらく，こうした見解の不一致を判例法によって解消することは不可能である。なぜなら，いずれの見解にもそれを支えるべく有利な判例がみられ，もし一方の見解だけが正しいとすれば，他方の見解を支える判例は誤って判決されたことになるからである。第二の見解は，第一の見解よりも，不当な影響力を理由とする契約取消の範囲について狭く解する立場に立っていると思われるため，第一の見解の擁護者こそが，契約取消の範囲を拡大すべ

きとする理由を示すべきである。この責任が果たされたのかどうかについては不明である。特に，私があなたに対して，そうすることがあなたの利益になるよと告げたことで，あなたが私の判断を信頼して契約を締結したという選択が，そうすることが自分の利益になるとあなたが決めて契約に入るという選択よりもなぜ「自由」でないのかについて，理解することは困難である。

5. 良心への攻撃

　本章では，契約法の様々な領域を見渡してきたが，これらは，特定の個人あるいは全体としての法が「非良心的に」作用することを防ぐという関心に基礎づけられていたいたといえよう。しかしながら，これらの領域に論争がないと結論づけることは，誤りであろう。特に，二つの議論が，良心や非良心性といった道徳的言及から解放されることによって，むしろ契約法はより繁栄できるだろうとしている。

　第一の議論は，本章の最初で挙げた点に立ち戻るものである。すなわち，現代の裁判官は，中世の裁判官とは異なり，自分たちが何をするかについて民主主義による担保を受けているかどうかを心配せねばならないというものである。つまり，特定の契約や条項が，19世紀から続く西洋自由主義社会の根幹である自由市場が適切に機能することを損ねているとして無効とするにあたって，良心に基づいた配慮を行ってよいとする民主主義からの保証を得なければならないという主張である。したがって，たとえば，ワーシングトンは，「当事者の自律」という理想が支持する価値である「独立，自由，自己決定，自己統治，主権，解放」は，「自由を制限するような法的介入は，絶対的に最小限に留められる」ことを要求していると主張し，さらに続けて，違約罰条項を認めない判決を，契約条項として何を選ぶかを決定する当事者の自由を不合理かつ不当に制限するものとして批判する。ジョナサン・モーガン（Jonathan Morgan）もこの見解に賛成し，違約罰条項は，商業取引において履行に向けた動機づけを強化するために設計された極めて賠償にかなった救済手段であるのに，判決には執行を拒否する説得的な理由がな

く、「商取引法において認め難い」「コモン・ローの不可解さ」であると主張
する。

　第二の議論は、「非良心性」という概念の有する不透明性に焦点を当てる。
その主張は、「非良心的である」ことや「裁判所の良心を揺るがす」(*Credit
Lyonnais Nederland NV v Burch* [1997] 1 All ER 144, 152 (ミレット判事による
判示)) ことを理由として契約や契約条項を取り消すことによって、法の中
に容認しがたいほどの不明確性が入ることになり、法の支配——われわれ
は、明確かつ予測可能な形で、法に支配されるべきである——という中核的
な考え方と矛盾するというものである。こうした批判を最も激しくおこなっ
たのがピーター・バークス (Peter Birks) である (そして、先ほど見てきたよ
うに、不当な影響力の行使を理由とする契約取消の事案において、救済の対象を、
非良心的なつけこみ行為ではなく、自由意思の欠如として分析する立場を彼が支
持していたことは、偶然の一致ではない)。バークスは、何が「非良心的であ
るか」についての判断は、必然的に直感と反応によらざるを得ず、「公平」
や「正当」と同様に「非良心的」という言葉は、あまりに曖昧であり、私的
で直感的な評価を単純に覆い隠すものとなると主張する。その結果、「この
ような言葉遊びは、等しきものは等しく扱うという、われわれが知るところ
の法の本質に内在する原則に背くことになる」とする (Birks (1999), 22頁)。

　こうした批判には耳を傾けるべきではあるものの、同時に、誇張され過ぎ
ているようにも思われる。というのも、これらの見解は、本章の最初に述べ
たような、義務と障害事由の相違を見逃している。裁判所が、A が有する
特定の法的権限の行使を認めない場合、いかなる意味でも A の自由を制限
しているわけではない。裁判所は単に、A が法を使って欲しいものを手に
入れようとしていることの援助を拒否しているだけである。これに対して、
裁判所が A に義務を課す場合には、裁判所は、特定の方法で行為すること
(あるいは、行為しないこと) を要求したり、義務違反の際には (B の利益のた
めに A に義務が課されている事案においては) B に対して金銭を支払う責任を
負わせるとという意味で、A の自由を制限しているのである。その結果、
義務に比べて障害事由ははるかに反対されにくいものであり、裁判所が義務
を課す場合の裁量に比べて、障害事由を認定する場合の裁量はより広くある

べきと考える。

　したがって，裁判所が，Ｂが支払うべき金額があまりに非良心的であって違約罰に相当することを理由として，A-B 間の契約における損害賠償額予定条項の執行を認めないとき，良心や非良心性の概念に依拠することに反対するいずれの議論も，実際にはあてはまらないのである。裁判所は，Ａが望むものを得ることを援助することを拒否しているだけであって，なんらＡの自由を制限はしていないのである。さらに，裁判所が損害賠償額予定条項を執行するかどうか前もって予測することが難しいという事実が問題になるとも思われない。なぜなら，Ａが望むものを得る援助を裁判所がおこなうどうか，前もってわからないという事実は，いかなる意味でもＡに不利益を与えてはいないからである。非良心概念の曖昧さ故に，もしも C-D 間における全く同様の損害賠償額予定条項が別の裁判官によって執行されたとしたら，そのことについて，Ａには不平を言う正当な理由があるであろうか？　「等しきものは等しく扱われるべき」とする理想が侵害されたとして，Ａは不満を述べることができるであろうか？おそらく，Ａにとっての不正義は，Ａに生じた事柄はＡが法からの恩恵を受け損ねただけだという事実によって軽減されるだろう。つまり，Ａは何らの損もしていないのである。さらに，恩恵がやや恣意的に施されたことについても，違約罰条項に反対する準則を取り除いて恣意性のリスクを除去すれば，別の意味で法の信頼性を失わせることになる（たとえば，契約法は「強者は弱者を壁に押し付けることが許される」ための道具であると人々が思うことを奨励する（*Lloyds Bank v Bundy* [1975] QB 326, 336-37））点に注目するとき，耐えられるであろう。

　つまり，本項の最初で紹介した批判が的を射るのは，裁判所が人々に義務を課す際に良心に依拠した配慮を行う場合である。そのような義務は，すべての法的義務と同様に，強い正当化を必要とするのであって，人々が従い，違背を避けられるよう，明確かつ首尾一貫したやり方で提起され，作用する必要がある。そこで，もし裁判所が A-B 間の契約を，当該契約が非良心的取引に達していること，あるいは，ＢがＡに対して有している影響力が不公正に濫用された結果であることを理由として取り消すだけでなく，さらに進んで，ＢがＡを契約締結へと仕向けたことによって不正な行為を働いた

(*wronged*) ことを根拠として，A が B との契約締結によって被った様々な損失を賠償する責任を B に負わせるならば，B が不満を述べることは正当であるということになる（*Cheese v Thomas* [1994] 1 WLR 129, 138 (per Sir Donald Nicholls V-C)）。この点について，*Cheese v Thomas* 判決において控訴裁判所は，「現実的な正義」や「公正」の要請から不当な影響力の行使を理由として取消した契約に関して，裁判所には当事者間に財産を再分配する権限があると思っているかのような兆を強く示したものの，未だそこまでには至ってない。もしも裁判所がより強引になり，契約の（申し込みの撤回事案においては，推定的な契約を含む）当事者たちに互いに良心に依拠した義務を認定するとしたら，そのときはわれわれは正当にも，当該状況において何が良心の要求に反しており何が反していないのかについて，極めて明らかな定義を示すよう裁判所に要求することができよう。

第5章　契約の自由の限界

　捺印証書の中には，「裁判所の良心」を侵すほどのものではないとしても，法が市場での取引を認めているものの限界を脅かすとして，契約上の拘束力を有し得ないものがある。たとえば，あなたと私があなたの赤ん坊を1万ポンドで買うことに合意したとしても，そうした合意は明らかに法的拘束力を持たない。なぜなら，赤ん坊は，市場で売り買いが可能な種類のものだとは考えられていないからである。しかし，なぜ，そうなのだろうか。本章は，法的拘束力を有する合意を締結するためにどのような制限が課されているのか，また，そうした制限の背後のある理念や原則は何であるのかについて，読者に示したい。

1．贈与と売買

　契約の自由の原則を理解するにあたって，まず，次の二つの事柄の違いをはっきりさせておく必要があろう。すなわち，だれかに贈与されることが許されないものと，だれかに売ることが許されないものとの違いである。たしかに，誰にもあげられないものは，明らかに，誰にも売れないものであろう。だが，逆もまた然りというわけではない。あげることはできるが，売ることはできないというものも存在するからである。その例が，赤ん坊である。あなたは，自分の赤ん坊を養子に出すべく与えることはできるが，養子を望む者に対して売ることはできない。贈与することのできないものを**譲渡不可能**とよび，あげることはできるが売ることのできないものを**市場において不可譲**という（Radin（1996），18）。こうした区別を行った上で，さらに，なぜあるものは①譲渡不可能となるのか，あるいは，②市場において不可譲

となるのかについて，様々な理由を区別する必要がある。

①に関して，あるものを誰にも与えることはできないと法が定める理由として，

　　(a)　それを誰かに与えることは，贈与者に害をもたらす可能性がある

　　(b)　それを誰かに与えることは，受贈者に害をもたらす可能性がある

　　(c)　それを誰かに与えることは，公的利益に害をもたらす可能性がある（もちろん，あるものは，あなたのものではないという理由で譲渡不可能であるということもありうる。たとえば，自分の妻を誰かに売ることはできない。しかし，ここで問題にしているのは，あるものはなぜ誰の手によっても譲渡不可能なのかということである。）

が考えられる。

　(a) の例として，心臓が挙げられよう。人々は，誰かに「自分たちの心臓をあげる」ことについて話すかもしれないが，もしも実際に私が自分の心臓を，心臓の移植手術をまさに必要としているあなたにあげることを申し出たとしても，私から心臓を取り出してあなたに移植することを許される病院はないであろう。(b) の例として，ヘロインが挙げられよう。ヘロインは，それが，あなたにとって有害であることから，私があなたに与えることは許されていないのである。もし，私があなたにヘロインを提供したなら，1971年麻薬乱用法第4条に違反した犯罪となる。(c) の例としては，地方選挙や全国選挙における投票が挙げられよう。私が選挙においてジョン・デューに投票したとして，私は「ジョン・デューに自分の投票を与えた」と言うかもしれない。そして，そう口にすることにも，実際にそうすることにも，おかしなところは何もない。しかし，もし私があなたに投票用紙を与えて私に与えられた票をどう投じるかを決めることを許すとしたら，何かまずいように思われる。私の投票は私だけのものだからである。それは，私によって投じられることを予定しており，他の者ではだめなのである。そして，他人の投票をまとめて吸い上げ，好む候補者に大量に投じることが許されるとき，われわれの民主主義は傷つけられるのである。

　②に関して，なぜ，市場において不可譲なものに，与えることはできても売ることのできないものが存在するのかという問題をめぐって，学問上の議

論が活発におこなわれてきた。そこでの議論とは，法はなぜ，あるGという善が与えられることを認めながらも売られることは認めないのかについて，4つの原理的な理由が考えられるというものであった（法が，Gが与えられることを認めるならば，Gは，それを得た誰にとっても有害ではないと想定できるだろうから，「善（good）」と呼ぶことができるはずである）。

(d) Gを与えることが可能であることによって，さらなる善が生み出されるが，Gが購入されたり売られたりすれば，それらは破壊されたり損傷されたりしかねない。そうしたさらなる善を維持するために，Gが売られることを防ぐ。

(e) Gを善としているものは，Gが購入されたり売られたりすれば破壊されるだろう。Gを善として維持するために，Gが売られることを防がなければならない。

(f) 金銭の再分配に不平等が生じることは望ましくない。こうしたことを防ぐため，多額の金銭を持っている者であってもGを手に入れることができないようにすべく，Gが売られることを防ぐ。

(g) 金銭の再分配における不平等によって，豊かな者が貧しい者の切実な状況を搾取することは望ましくない。そこで，貧しい人々が豊かな人々に対してGを手渡す見返りとして，豊かな人々が貧しい人々に対して金銭を提供することは許されない。

（ここに上げられた，理由 (d) (e) (g) については，Sandel（2012）を参照。理由 (f) については，Walzer（1983），Satz（2010）を参照）。

Gを与えることはできても売ることができない理由は，重複する場合もある。たとえば，私が良く機能する腎臓を持っているとき，法は，あなたが誰かに腎臓を与えることは許すが，売ることは許さない。この理由は，(d) によるものかもしれない。これまで議論されてきたところでは，腎臓の受贈者の健康は，もしも腎臓が公開の市場で売られるとしたら損なわれるだろうというものであった。なぜなら，腎臓を市場における商品にしてしまうことによって，移植に必要な腎臓が減るという結果を招くからである。つまり，ドナー提供される腎臓の数が減ってしまうのである。だが，なぜ，腎臓を市場における商品とすることによって，ドナー提供される腎臓が少なくなるのだ

ろうか？

　それは，健康という善以上の，腎臓を他人にドナー提供することによって
実現されるさらなる善が，腎臓が市場における商品となった際には損なわれ
るだろうという主張である。このさらなる善とは，他人の生命のために重要
な犠牲を払ったことによって英雄的にふるまっているとの感覚を人々に与え
るものである。他人に腎臓を提供するという行為の意味づけは，もしも腎臓
が（たとえば）１万ポンドという市場価値を有しているとすれば，残念にも
減じられるのである。腎臓を見知らぬ人に与えることは，１万ポンドの現金
を見知らぬ人に与えるのと変わらぬ行為―さほど英雄的ではない行為―であ
ると解釈されてしまうだろう。これにより，提供者の目からみて腎臓提供行
為の価値が低く見えるのみならず，こうした価値の損失が腎臓提供の数の減
少という結果を招き，こうした減少は，腎臓の売買を許容することによって
実現される腎臓の供給数をもってしても埋め合わせできないのである。それ
ゆえ，腎臓の売買を許容することから生じる，逆説的にもみえる結果とし
て，移植可能な腎臓の実質的な減少が引き起こされるのである。

　このように，腎臓を売買可能なものとすることによって生じる，他人への
腎臓の無償提供が実現するさらなる善に対する否定的な影響は，腎臓を無償
提供することはできても売ることは許されないとする立場を正当化しうる。
しかしながら，(f) や (g) の理由によっても，われわれがそうした政策をと
ることが正当化されよう。理由 (f) に関して，われわれは，豊かな者が貧し
い者よりも腎臓を得られる可能性が高くなるような分配方法を望まない。腎
臓を，必要性や籤によって，あるいは，あなたへの愛からあなたに腎臓提供
をしたいと考える人がどれだけいるかに従って分配する方が，あなたの財布
の大きさによってあなたが腎臓を得られるかどうかが決まるよりも，ずっと
満足できるように思われる。理由 (g) に関して，腎臓売買を認めることに
よって，貧しい者の金銭に対する必死の思いに乗じて，健康な腎臓という自
然が彼らに与えたものを金銭と引き換えに放棄する取引へと追いやり，貧し
い者が豊かな者によって搾取されるという許しがたい結果が生じることが十
分に考えられる。

　こうした最初の議論によって，われわれは，なぜ法が契約によって得るこ

とのできるものの種類に制限を設けるのかに関して，可能な7つの理由を見つけることができた。特定のTというものを得るための契約において，Tが譲渡不可能であったり，市場において不可譲なものである場合には，当該契約は拘束力を有さないであろう。法は，Tの譲渡が，(a) 譲渡者，(b) 譲受者，あるいは，(c) 公的利益に害をもたらすとすれば，譲渡不可能としよう。一方，法は，(d) もし，Tの無償提供を認めることによって実現されるさらなる財が，Tの売買を認めることによって，破壊されたり損なわれたりする可能性がある，あるいは，(e) Tを価値づけているものがなんであれ，売買する選択権を人々が得ることによって破壊されたり損なわれたりする可能性がある，あるいは，(f) Tの再分配にあたり，富の再分配における不公平の影響を受けることを望まない，(g) 貧しい者が豊かな者に搾取されてTを手放すことを望まない，とすれば，市場において不可譲なものとみなすかもしれない。これらの区別を念頭に置いた上で，Tが譲渡不可能あるいは市場において不可譲であるとして，Tを得るための契約が無効となると法が定めている具体例の考察へと移ろう。

2．法的限界の具体例

(1) 個人の自由

　カント学派の契約理論（ドイツの哲学者，イマヌエル・カント（Immanuel Kant（1724-1804））にちなみ，彼の後期の著作『道徳形而上学』(1797年) に影響を受けた理論）に従えば，契約法の存在意義とは，将来なすべきことを選択する自由を他の人に譲渡するための手段の提供である。したがって，私が，6か月後に1000ウィジットをあなたに供給するという契約をあなたと結ぶとき，6か月後にあなたに1000ウィジットを提供するか否かを選ぶ自由を，私は有効に，あなたに譲渡することになる。本書は，こうした契約法の目的的見解には立たないものの，契約法が，享受できたはずの自由を他人に譲渡する効果を有することについては疑いをもたない。しかしながら，個人の自由の中でも譲渡不可能なものがあり，これらの自由を侵害する効果を有する契約の条項は，拘束力を持たないのである。

たとえば，誰かと結婚するという約束は，かつては法的拘束力を有していたが（小説家チャールズ・ディケンズが1837年の作品『ピクウィック・ペーパーズ』の中で用いていた事実），今はそうではない（1970年「法改革法」，第1条）。誰と結婚するかについて決定する自由は，現代では，譲渡不可能である。同様に，だれかと性交渉を持つという契約も，法的な拘束力を有さない（ただし，性交渉について支払うとする契約が拘束力を有するか否かの問題については，第3項で扱う）。雇用契約を締結することは，必然的に，その契約期間中は他の雇用を求める自由を放棄することになる。とはいえ，雇用契約からの離脱を望む者に対して，裁判所は留まることを強制することはせず，単に金銭賠償を負わせるに留まるという事実によって，こうした譲渡の効果は，弱まる。したがって，誰のために働くかを選択する自由は，譲渡可能である。しかしながら，契約法は，そうした自由に対して，深刻な程度にまで介入することはない。したがって，一人の雇用主（または彼の指名する者）のために残りの人生の全てを尽くし，何を要求されようとも応えるといった奴隷契約は，法的拘束力を有しない。また，雇用契約が終了した後に就ける仕事を制限する契約条項も，そうした条項が雇用主の事業上の利益を守るために合理的であることを示せない限り，効力を有さない。この要件を充たさない条項は，職業の自由に対する不合理な制限として効力を否定される。同様に，どのような人生を送るかについて決定する自由を深刻な程度にまで侵害する契約も，無効とされる。*Horwood v Millar's Timber and Trading Co Ltd* [1917] 3 KB 305 判決において，金銭の貸主と借主との間で締結された，借主は家を引っ越さず，仕事を辞めず，自己所有の財産のいずれも売ったり質に入れたりしてはならず，貸主の書面による明示の同意なしにだれからも借金してはならないという契約は，無効とされた。

（2）家庭内での約束

法は，家族構成員が互いに契約を締結できる範囲にソフトな制限を置くことによって，どのように取引するかについて決定する自由を制限している。互いに契約を締結することは可能であるが，拘束する意図があることを明らかにしなければならない。そうでなければ，家族内でなされた合意は，法的

拘束力を意図せずになされたものとみなされ，契約的効果を得ることはできないのである。

　こうした準則を最初に明瞭にし，適用したのは，*Balfour v Balfour* [1919] 2 QB 571 判決であった。本件において控訴院は，妻と別居した夫は，別居前に外国で勤務していた間に結んだ，月額30ポンドを支払うとした約束に拘束されることはない，と判示した。ウォリントン（Warrington）判事は，「もし，本件において契約を暗に見出すとすれば，妻の側に関しては，夫が不在の間に何が起こったとしても，また，どのように状況が変わったとしても，妻は月額30ポンドの支払いで満足しなければならず，それ以上の支払いを彼に求めてはならないとする法的義務を負うものであり，夫の側については，彼の状況がどのようであっても，月額30ポンドを無期限に妻に支払う義務を負わせるものである。」と述べた。アトキン（Atkin）判事は，夫婦が拘束力を有する契約のように見える約束をしたというだけで，契約法が婚姻関係にある者から自分たちの事柄をおさめるのに必要な柔軟性を奪うことはない，ということを確認する重要性に同意した。つまり，「本件のような合意は，契約の領域の全く外側にあるものである。コモン・ローは，配偶者間における合意形態を規制していない。配偶者間の約束は，印や蝋によって封印されたものではない。彼らが真に得る約因とは，こうした冷淡な裁判所においては価値を置かれることのほとんどない，自然な愛と愛情である。契約条項は，履行が進んだり，不一致が大きくなるにしたがって，否定されたり，変更されたり，更新されたりしうる。そして，免除，履行，和解，賠償に関するコモン・ローの原則は，家庭内のきまりの中に見出すことはできないのである」。

（3）性的交渉

　すでに見たように，だれかと性的交渉を持つという契約は，法的な拘束力を有することはない。したがって，売春婦であるＡがＢと１千ポンドで性的交渉を持つことに合意したとしても，Ａは，Ｂとの間で**双方的契約**を締結したということはできない。双方的な契約だとすると，ＡはＢとの間で性的交渉を持たねばならず，それに対してＢはＡに１千ポンドを支払う必要が

出てしまうからである。他方，AとBの合意が**一方的**契約だと捉えれば，AがBと性的交渉を持ったことに対して，Bは法的に対価を支払わなければならなくなるのだろうか。そのような契約であれば，Aは，Bと性的関係を持ったときだけ対価を得られるだけであり，AがBと性的交渉を持つかもたないかについての意思の自由を維持することはできそうである。しかしながら，法は，そのような契約は，不道徳性ゆえに執行不能であるとする。したがって，性的交渉は，（対価を伴わずに性的交渉を持つことができることから）譲渡可能な財といえるが，市場においては不可譲なのである。

　性的交渉に関して，市場における不可醸性を確実なものとするため，裁判所は，*Pearce v Brooks*（1866）LR 1 Ex 213 において，原告は，被告が売春婦であり，賃貸した馬車に乗って客を見つけるつもりであることを知っていた場合，原告から被告への馬車の賃貸契約は執行不可能であると判示した。今日，同じような判決が出されるかについては疑いの余地があるものの──もしホテルが，売春婦が客と会うために部屋を用いる計画であることを知っていたら，ホテルは売春婦に対して訴訟を起こすことを阻止されるだろうか──ピアース判決によって，現代においてもなお，民間の家主が，非道徳的な目的のために物件を用いてはならないことを賃借人に対して明示することが一般的となっている理由が説明できるように思われる。

（4）臓器

　あなたが必要になったとき，あなたに腎臓をドナー提供することを引き受ける契約は，私が自分の身体をどのように扱うかという自由に干渉するものとして認められないため，拘束力を有することはない。しかしながら，あなたに腎臓をあげれば，私に1万ポンドくれるという約束に，私が誘導された場合にはどうだろうか。あなたの約束は，法的な拘束力をもつものだろうか。答えは，否である。2004年「人体の組織に関する法律」第32条は，移植用の臓器に関する商業取引を禁じている。代わりに，腎臓移植を必要とする人々には，2つの方法が用意されている。①腎臓が提供者から「正しい」患者へと渡されるよう，ポイントシステムを用いて腎臓の分配を行う全国的マッチングシステムを利用すること，②あなたに健康な腎臓をあげたいと願う

人からもらうこと，である。したがって，腎臓は，譲渡可能であるが，市場においては不可譲といえる。

（5）嬰児

　すでにみたように，赤ん坊（あるいは，子ども）を売るという契約は，完全に執行不能である。同様に，代理母として子どもを産む契約も1985年「代理母についての合意に関する法律」第1A条によって，完全に執行不能である。

　したがって，AがBの精子によって人工授精を行うことに同意した場合，あるいは，BとCの遺伝物質による受精卵を懐胎することに同意し，その結果，子どもを産んだ場合，代理母Aが，生まれた子どもをBやCから受け取った対価と引き換えに手放すという「契約」も，執行不可能である。

　Aが約束を破って子どもを手離すことを拒否する場合，子どもを監護するのは誰かについては，もはや契約法の領域ではなく家族法の問題となり，何が子どもの最善の利益であると裁判所が考えるかによって決められることになる。

（6）投票

　1983年「国民代表法」第113条は，「投票権者に金銭を払って投票させたり，投票させないように仕向ける」ことを犯罪（買収罪）と規定している。したがって，地方議員選挙や下院議員選挙において，誰かに票を投じる，あるいは，投じないことについて対価を支払う契約は，無効である。

（7）司法

　法は，長きにわたり，適正な司法運営に影響を与えうる商業取引に対して疑いの目を向けてきた。

　たとえば，1215年マグナ・カルタ第40条において，国王は「朕は何びとに対しても，権利や司法を売らず，否定せず，遅延せしめない（強調は，原著者）」ことを誓っている。最近では，2010年買収法が，裁判官と事件を決するにあたり万が一特定の手法を取ることに対して金銭を支払う「契約」をし

たとすれば，あなたも裁判官も，犯罪行為を行ったことになることを規定し，裁判官との「契約」を無効としている。同様に，あなたが金銭と引き換えに私の行った犯罪を当局に報告しないことを引き受ける場合のように，ゆすりによって引き起こされた契約も，刑事司法システムを害する可能性があるため，無効とされる。

　あなたが何ら正当な利害関係を有さない場合に，私が第三者に対して訴訟を提起することを金銭的に援助する約束をあなたが引き受けることは，かつては「扶助」という犯罪行為にあたって有罪であり，そうした契約は執行不能であった。今はこうした犯罪は廃止されたが，契約は依然として執行不能である（1967年刑法，第14条2項）。もし，あなたからの援助と引き換えに，私が訴訟から得たものをあなたと分け合うことに同意した場合には，契約の執行不可能性は，さらに強まるであろう。そうした合意は，かつて「訴訟援助」という犯罪行為にあたり，既述の通り，そうした犯罪は今では廃止されているとはいえ，訴訟援助にあたるという理由で，依然として執行不能である。訴訟援助契約や扶助に相当する契約の執行不可能性によって，長くソリシターは，「敗訴の場合は無料」という基準に基づいて訴訟代理を行うことを妨げられてきた。しかしながら，現在では，1990年「法律サービス法」第58条の下，刑事事件や家事事件を除いて，ソリシターは「成功報酬合意」を結ぶことを認められている。

（8）権利の放棄

　法は，人々が契約によって放棄できる権利に制限を置くことがある。これらの領域における法を理解するにあたり，放棄には2種類あることを理解しなければならない。これらは，「権利」が有する二つの意味に対応している（放棄に関する異なる意味に関する議論については，Stevens（2017），125-27頁を参照）。

　第一に，法が誰かに自分または他人の法的立場を変更する**権限**を与えているとき，われわれは，その人は「権利」を有しているという。たとえば，第3章でみたように，私とあなたが契約を結び，あなたが重大な契約違反をした場合，法は，私に契約を終了させる権限を与える。これにより，その契約

において負っていた私の義務も終了する。こうした場合において，私には契約を終了させる「権利」があると言われ，あなたの重大な契約違反にもかかわらず，もし私が契約終了を拒否し，あなたを当該取引に拘束し続けることを選ぶとすれば，私は権利を「放棄した」と言われるかもしれない。この種の権利—すなわち，あなた，または，他人の法的立場を変更する権限—の「放棄」には，いかなる契約も必要ない。より簡潔に述べるならば，私があなたを契約に拘束しようとするとき，権限は失効するのであって，後になって気が変わり，契約から逃れたいと思ったとしても復活させることはできないのである（*The Kanchenjunga* [1990] 1 Lloyds Rep 391）。また，契約を終了させる権限は，合理的な期間内に行使されないときにも失効する（*Stocznia Gdanska SA v Latvian Shipping Co (No 2)* [2002] 2 EWCA Civ 436, at [87]（Rix 判事）。

　第二に，われわれは，自分以外の人に特定の方法で行動させる権利を有しているとき，「権利」を持っているという。この種の権利は，ホーフェルト（Hohfeld (1913), 32頁）の定義に従って「請求権」とよばれることがある。ここでも，請求権の一時的な放棄のために，契約が有効である必要はない。たとえば，あなたに対して，私にキスをしないという請求権を有しているとしても，いつでもその請求権を一時的に放棄して，あなたが私にキスすることをその時だけ合法的にすることはできるのである。しかしながら，請求権を永久に放棄することや，完全に譲渡することについては，通常の場合，有効な契約を必要とする（ただし，請求権は存在しないという表示や，請求権を行使しないという約束を信頼させたことを理由として，請求権を主張することがエストッペルによって許されなくなる場合については，次章で議論する）。しかしながら，法は，どのような権利が，契約によって永久に放棄できるかについて，制限を置いているのである。

　たとえば，私があなたと，私の残りの人生においていつでも好きな時にあなたが私にキスをすることを許す契約を結んだとする。すでに見てきたように，こうした約束は，私がどのような人生を送るかを決定する裁量に深刻な侵害を与えうるものであるため，執行不能でああろう。より真面目な例としては，2015年「消費者権利法」第31条は，「商品を供給することについての

契約条項は，同法第 9 条から17条，第28条から29条に規定された事業者の責任を免除したり制限するものである限りにおいて，消費者を拘束しない」と規定する。これは，どんなに消費者が喜んで自らの請求権を放棄したとしても，変わることはない。同法第65条は，「事業者は，消費者契約の条項や消費者への通知によって，自らの過失によって生じた消費者の死亡損害や身体的損害について，法的責任を免除したり制限することはできない」ことを規定する。この言い回しは，事業者が過失によって誰かを死亡または傷害を負わせた場合の法的責任を排除するために契約条項や通知を利用することを妨げていた，1977年「不公正な契約条項法」第 2 条 1 項において用いられていた文言をそのまま反映したものである。

　かつて，万一の離婚に備えて，結婚直前のカップルや既婚の夫婦の間でなされた，互いにどのような権利を有するかについての約束（それぞれ，婚前合意と婚姻後合意）は，契約として執行できないとされていた。つまり，約束によって離婚に際してどのような権利であっても放棄するということは，できなかったのである。こうした立場は，婚姻後の約束に関する *MacLeod v MacLeod*［2008］UKPC 64 判決，及び，婚前の約束に関する *Granatino v Radmacher*［2011］1 AC 534 判決によって，捨て去られることになった。しかしながら，今では，こうした婚姻上の約束が契約上の拘束力を有しうるということは，*Granatino* 判決によれば，「赤い鰊」（人の注意を他にそらすような情報：訳者注）だと捉えられている。というのも，1973年「離婚原因法」第 2 部の規定によれば，離婚しようとしている夫婦が離婚後に相互にどのような権利を持ち合うかについて決定する権限を裁判所が行使するにあたって，婚姻上の約束に効力を与える必要はないからである。むしろ，裁判所としては，①当該約束は，その意味内容を完全に理解した上で，自由な意思に基づいて結ばれており，かつ，②当該約束に完全な有効性を与えたとしても，離婚しようとしている夫婦にとって不公正が生じる理由がないときには，（裁量行使にあたって単に考慮するいったものではなく）必ず当該約束に完全な効力を認めるべきと判示した。ただし，①や②が当てはまる場合であっても，夫婦間の子供に関して取り決めを作成するにあたっては，当該約束を考慮に入れるべきではない。

（9）栄誉

　既述の通り，2010年買収法は，公的栄誉を得る見返りとして誰かに金銭を提供することは犯罪であり，その結果，金銭のために誰かに栄誉を与えるという「契約」は無効となる。同法が施行される以前から，コモン・ローは長きにわたり，こうした立場をとってきた。*Parkinson v College of Ambulance Ltd* ［1925］2 KB 1 判決において，パーキンソン大佐は，被告慈善団体の秘書から，1 万ポンド（現在の価値にして，50万ポンド）を団体に支払えば団体は男爵の称号を確保すると言われて安心していた。パーキンソン大佐は自分側の約束を履行したが，男爵の称号が得られなかったことを受けて，契約違反で団体を訴えた。パーキンソン大佐の請求は，「いかなる裁判所も，そのような訴訟を審理したり，礼節や礼儀をもって賠償金を与えるはずがない。本契約は，正義の裁判所において，制裁されることもなければ認知されることもありえないものである」として，ラッシュ（Lush）判事によって却下された。

3．考　察

　市場において何を売買できるかについての制限の多くは，容易に説明がつくものであり，論争を引き起こすものではない。たとえば，栄誉が市場において不可譲である——つまり，与えることはできるが，売り買いはできない——ということは，栄誉を価値づけているものが栄誉の売買によって毀損されたり破壊されうるという，既述の理由 (e) によって，容易に説明される。栄誉を与えられることによって生じる表彰——すなわち，特別に賞賛に値する，注目すべきことをなしたことへの表彰——は，人々がその栄誉は購入されたものかもしれないと思ったならば損なわれ，また，破壊されるであろう (Sandel (2012)，94頁)。同様に，購入された司法は，全く正義とはいえない。しかしながら，この他の例については，それほど明確に，市場における不可譲性を正当化できるとは限らないのである。

（1）性的交渉

　性的交渉が市場において不可譲であることを確実にする説明として，マイケル・サンデル（Michael Sandel）は，「自発的に売春が行われることはほとんどないということを理由に，売春に反対する見解がある。この見解は，性的交渉のために自らの身を売る者は，貧困，薬物中毒，暴力による脅迫などによって，強制されている場合がほとんどであるという。他方，売春は，それが強制によるものか否かを問わず，女性を貶めるものであることを理由に反対する見解もある。この立場によれば，売春は女性の品位を落とし，性的交渉に対する不道徳な態度を促進する腐敗の一形態である」（Sandel（2012），111-12頁）といった見解を紹介している。だが，両見解の妥当性については疑問の余地がある。

　たしかに，ほとんど全ての場合において，売春が女性の窮乏に対する許し難いつけ込みに関わっていることは疑いないが，マーガレット・ジェイン・ラディン（Margaret Jane Radin）が指摘するように，このことを性的交渉が市場において不可譲であることの根拠と決めつけてしまうのは「非常に問題」である。というのも，「もし，貧困のせいで仕方なく売ることを余儀なくさせられたのであろうと予防的に推定しなければならないために，何か特定のものが売買不可となるならば，売ろうとしていた者が必要としている商品や受け取れたはずの金銭を供給しないならば，それこそ，彼女たちにさらなる追い打ちをかけることになってしまう」（Radin（1996），51頁）からである。女性を害から守るために性的交渉を市場において不可譲とするとき，われわれは，ラディンが呼ぶところの「二重拘束（ダブル・バインド）」（同上，125頁）に陥ってしまう。すなわち，守ろうとしている女性たちに他の機会を与えないのであれば，実際のところ，有益どころかさらなる害を与えている可能性があるのである（Anderson（1993），156頁も参照）。

　第二の主張について，市場で譲渡可能になることによって，言い換えれば，売り買いの対象となる商品となることによって，誰の姿勢が堕落するのかを明らかにする必要がある。もし，女性に焦点を置くのであれば，社会において性的交渉の売買が通常のことになったとしたら，彼女たち自身や彼女たちの身体に対する姿勢が良くない方向に作り変えられてしまうだろうという

主張は，説得的ではない。たしかに，対価の支払いを伴う性的交渉は，カップルが相互に愛を表現するという理想には，少し及ばない。だが，デボラ・サッツ（Debra Satz）によれば，それは「その場限りの関係」においても同様である（Satz (2010)，142頁）。性的交渉を道具的に捉える姿勢——見知らぬ者同士のマッチングをする出会い系サイトの利用や，交際する時間と面倒に見合う相手であるかどうかを判断するために，とりあえず性的交渉を持ってみる——がますます特徴的になっている世界において，なぜ性的交渉が市場で譲渡可能になれば，女性が自分たち自身や自分たちの体を今よりもっと道具的に見ることになるのか，説明がつきにくい。実際，サッツがまた述べているように（同上，137頁），女性の中には，すでに，自分自身や自分の身体を道具的に考えた結果，高級娼婦にまで行き着けそうだとして売春に従事する者もいる。そのレベルにまで達した売春は，女性自身が自分を道具的に考えた結果であって，売春の結果，彼女たちがそのように自分たちのことを考えるようになったのではないのである。

　次に，性的交渉が商品化されることによって，男性の女性に対する姿勢は腐敗するのかどうかに焦点を当てて考えるとき，より大きな問題が生じる余地がある。ラディンは，「新聞，ラジオ，テレビ，広告，屋外看板において，まるでコンピューターサービスや，ヘルスクラブ，ソフトドリンクと同様に，想像的に，まざまざと，性的なサービスが広告されており」，「好きな性的交渉の相手をカタログや地元のショールームから選べるとして」，「性的交渉の供給者を募るビジネスが，企業のヘッドハンティングや文書作成オペレーターの訓練と同じように行われているような」世界を，われわれに描いて見せる（Raddin (1996)，133頁）。そのような世界において，男性は女性を道具的に考えずになどいられようか。単に値段が付いているというだけで，それらの本質的価値を失うことにはならないと主張する人々（たとえば，Saprai (2013)，282頁，Radin (1996)，114頁）に対して，エリザベス・アンダーソン（Elizabeth Anderson）は，性的交渉に対価を支払う場合と支払わない場合とで，女性への態度を区別し続けることは困難であろうと指摘する。「もしも，男性的なアイデンティティというものが，女性との性的交渉を有する力として定義できる部分があるとしたら，売春やポルノグラフィは，個

人的な領域において内心生み出される性的交渉への充たされない欲求を供給することになる。また，それらによって，性的満足のための技術や様式が現実の人間関係の中に持ち帰られ，あたかもそれが規範のようになってしまうのである」（Anderson (1993), 155頁）。

このように見てくるとき，性が日常的に商品化されることによって，男性の女性に対する姿勢が（さらに）退廃する可能性を防ぎたいとする目的は，法が確実に，性的交渉を市場において不可譲なものにしようとしていることを正当化するかもしれない。既述の論者たちも，性的交渉をめぐる契約の執行可能性について契約法の立場を覆すことを望んでいるわけではないのである。しかしながら，もし性的交渉を，ラディンの用語を用いて「不完全に」商品化する——つまり，厳しい条件の下で限定的に性的交渉の取引を認め，常に女性が取引の決定権を握ることを確保する——といったことが可能であるとすれば，現行法の立場よりも女性の平等を促進することになりうるだろうか。そうした可能性があるのか否かについては，なおも議論の余地がある。

（2）嬰児

嬰児を売ったり買ったりすることを可能とすべきか否かについては，いくつかの文脈において議論が持ち上がっている。第一に，「法と経済学」運動——法の機能と役割とは，特定の資源を，その資源に対して最も多くの金額を支払おうと意欲満々な者に確実に割り当てることだとする思想——の第一人者であるリチャード・ポズナー（Richard Posner）は，「養子に関する需要と供給の非対称性は，自分の子供を養子に出すことに意欲満々な母親たちに対価を支払うことを認めることによって，対処されうる」と述べている（Posner (1987), 61頁）。次に，すでにみてきたように，懐妊契約——女性が，あるカップルのために代理母となるという契約——は，法的に執行不能である。そのような契約を結ぶことを可能とすべきか否かという問題は，市場の限界に関する議論の主要論点である。

サンデルは，ここでも再び，「自分の子供を養子に出すという市場」を設けることに反対の議論を概観し，われわれに紹介してくれる。「反対論者は，

二つの根拠を挙げる。一つは，子供を売りに出すことによって，あまり裕福でない両親は法外な値段ゆえに市場から締め出されるか，最も安価な，あまり望ましくない子どものみを残されてしまう。もう一つの理由は，子どもたちに値札をつけることによって，両親の無条件の愛という規範が腐敗し，さらに，必然的に生じる値段の違いは，子どもの価値は人種，性別，知的能力，身体的な能力，その他の特性によって決まるとする考え方を強化してしまう，というものである」(Sandel (2012)，111頁)。

　最初の主張について，ポズナーは，「裕福なカップルは，多いよりはむしろ少なく子ども持つ傾向がある。」(Posner (1987)，64頁) として反対し，また，「嬰児にドルで値段をつけることを認めても，嬰児の値段を吊り上げることになるとは思われず，それによって裕福な需要先に供給が割り当てられるということも起こりそうにない。」と述べる (同上，65頁)。

　他方，第二の主張については，より厄介である。養親が，嬰児を購入した場合に養子機関によって与えられた場合よりも愛情を持たないなどということは考えにくいものの，誕生時に購入された子どもにとって，自分につけられた値段を（もし，それが判明したとしたなら）自分自身の価値と「同一視」せずにはいられないだろう。その結果，1万ポンドで購入された子どもは自分自身を，誕生時に100万ポンドと引き換えに養子として引き取られた子供の10分の1の「価値」だと捉えてしまうであろう (Raddin (1996)，137-8頁参照)。サンデルは，国立公園への入場券販売に関して，次のような反対論を展開している。「国立公園は，単にわれわれのものや社会的ユーティリティの源であるだけではない。国立公園は，自然の驚異や美しさにあふれた，感謝や畏怖の価値さえ備えた場所である。このような場所に立ち入る権利を，転売屋が競売で売ることは，一種の冒涜なように思われる」。こうした反対論は，嬰児に値札をつけることにもあてはまるであろう。子供が有する驚異に値段をつける試みは，一種の冒涜である。

　ここで代理母契約について考えると，そのような契約は，本質的に双方的なものとはなりえない。**双方的契約**であれば，代理母は自分の子どもを手離さなければならず，代理母を依頼した夫婦は，代理出産サービスに対して対価を支払うことを義務づけられることになるが，嫌がる代理母に対して産ん

だ子供を手離すよう要求することなど，容認しえないからである（Waldron
(1995)，162頁）。そうであるとすれば，もし代理母契約が拘束力を持ちうる
としても，それは本質的に**一方的契約**でなければならない。つまり，もし，
代理母が赤ん坊を手渡してくれたならば，依頼した夫婦は，彼女の代理出産
サービスについて対価を支払わなければならない，ということになる。

　しかしながら，代理母契約をこのように理解するとして，こうした契約を
認めること自体に数多くの反対がなされるであろう。第一に，このような契
約が可能になるだけで，子どもを持てないカップルのために代理母になると
いう選択が商業化され，希望者の全体的な減少を招きうる，というものであ
る。その結果，ある代理母が代理出産に対して金銭を受け取ることを拒んだ
としても，自己の身体の贈呈というよりは，支払いを受けるはずだった金銭
を寄付しただけのような話になってしまう，として反対する（Raddin
(1996)，97-98頁）。

　第二に，もし代理母契約によって代理母の総数が増加したとすれば，大い
に考えられることとして，増えた代理母たちは貧しい階層の出身者であると
いうことである。その結果，富における格差が，懐妊の分配における格差を
生み出しうる。つまり，豊かな者は妊娠の試練を避けて，自分たちに代わっ
て貧しい階層の出身者に9か月間胎児を育むというきつい仕事をしてもらう
といったことが起きうる。たとえ金銭的補償があったとしても，妊娠に伴う
犠牲が過大なものになりうるとすれば，貧しい代理母たちが裕福になると想
像することは困難である。この理由から，ラディンは，代理母契約の法的執
行を拒否する現在のイギリス法の立場に賛成する（同上，148頁）。同様に，
アンダーソンやサッツも，妊娠は市場において不可譲な事柄であるべきと考
えるが，その理由を，女性の生殖サービスを買うということが象徴するも
の，すなわち，そうしたサービスが購入できることによって，女性を「子供
を産む機械」（Satz (2010)，130頁），「使用の対象」（Anderson (1993)，189頁）
と捉える「否定的なステレオタイプ」を補強してしまうためとしている。

（3）臓器

　他人の臓器を購入することを可能とするべきか否かを議論するにあたり，

われわれは二つの場面を区別して考える必要があろう。すなわち，①販売者がまだ生存している場合と，②販売者が，臓器提供を申し込まれている，亡くなったばかりの故人の家族である場合である。現行法においては，どちらの場面の売買契約も，法的に執行不能である。だが，マーティン・ウィルキンソン（Mertin Wilkinson）は，こうした契約は執行可能となるべきであり，それを認めない現行法の立場を，「個人の主権に価値を置くべきとするわれわれの立場に矛盾している。人は，自分の人生を送れるべきであり，自らの身体をどのように取り扱うかを決定することは，自分の人生を送る上で最も重要な事柄である。」として反対する（Wilkinson（2017），177頁）。しかしながら，これは少し誇張されているように思われる。自分たちの身体に対して無制限の支配を持っていなくとも，われわれは申し分なく「自分の人生を生きていく」ことができるからである。

　さらに，既述①の場面の取引——たとえば，私が腎臓のような，提供者の生命に直接関わらない臓器をあなたに売ることに同意する——を法的に執行可能と認めた場合，そこから生じるコストは相当なものになるように思われる。たとえば，社会の最底辺に置かれている人々は，自分たちが有する最後のもの——自分自身の身体の一部——を放棄する境遇に追いやられた挙句，その時に受け取った金銭が尽きれば完全に何も手元に残らないことになることから，腎臓市場は，既存の階層間の格差を悪化させる可能性がある（Satz（2010），199頁）。また，サッツは，腎臓売買が一般的となっていたインドのある地域では，金銭の貸主たちが，借金の担保のために腎臓を差し出すことを要求し，この条件に同意したがらない人々は，借入可能額を回してもらえなかったという興味深い結果を指摘する（同上，200頁）。そのため，「自分たちの身体をどう扱うか」を自分で決めたいとして腎臓を保持しておきたいと考える人々は，片方の腎臓を手離すことを厭わない他の人の存在によって，経済的に一層苦しくなったのである。

　他方，サッツは，「死後に臓器を放棄することに関する，競争的な先物市場」——別の言い方をすれば，臓器に対する将来の権利を売ることができるのは，臓器の持ち主が死んだ後に限るという市場——については，さほど反対しない（同上，205頁）。しかしながら，亡くなったばかりの故人の家族か

ら臓器を売買できることを可能にすべきか否か——既述②の場面——に関連して，果たして子供たちは，親の身体で儲ける見込みによって，延命治療をするか否かについて客観的な決定ができるだろうか。

（4）権利の放棄

　市場における不可譲性についての関心から，マーガレット・ジェイン・ラディン（Margaret Jane Radin）は，著書『ボイラープレート』の中で，一般法で与えられている権利を人々が譲り渡すよう，企業がいかに巧みに標準書式契約を用いているかに着目している。そして彼女は，特定の権利を譲渡可能とすることは，三つの意味で民主主義を堕落させるとして，懸念を示す。

　第一に，（ラディンが「ボイラープレート」と呼ぶところの）標準書式契約は，「激しい政治闘争と議論の延長の後に，民主的過程によって制定される権利（エンタイトルメント）体制」を一掃することによって，「政治的な議論と手続きの重要性を蝕む」ために用いられうる。ラディンは，「もし立法体制が，ボイラープレート・スキームを配備する一企業によって，結果的に，数分の内に再構成されてしまうなら，なぜ議会は，著作権法の改正議論を何年もかけて行うのか。多くの困難と討論と妥協によってようやく到達できた立法体制の一部である権利（エンタイトルメント）を，企業が容易に剥奪できるとき，議会は，民主主義的統治機構のまがい物となってしまうではないか。」と疑問を投げかける（Radin (2013)，39-40頁）。

　第二に，企業が人々の有している特定の権利を一掃するために契約法を用いるとき，国家は，公的利益のために公平に——つまり，民主的な過程を通した決定に従って——行為しているという考えは，確実に覆されてしまう。それはまさに，もし「企業や利益団体が，自分たちの利になるとき，立法を買う〔ことができる〕とすれば，そうした理想が蝕まれてしまうのと同じである…。」「国家を組織し，かつ，正当化するにあたり，他の企業も同様にふるまうとすれば，あらゆる企業が，社会全体を犠牲にして無遠慮なまでに利益を追求することをあきらめるはずである。このような国家の正当化の議論を，企業や利益団体は自己利益的理由によって立法を買えるのだという考えと，調和させることは難しい」（同，45頁）。

　第三に，標準書式契約の利用を通して干渉されうる権利とは，民主主義的に重要なものであるかもしれない。こうした民主主義的に重要な権利の中でも，「苦情処理を求める権利は，最も重要なものである。」とラディンは述べる。こうした権利——すなわち，もし人が「約束に従わせたり，自己財産を維持し続けるために，自力救済や，友人または親戚の助けに頼る」ことをしない場合に極めて重要になる権利——は，消費者が受け入れる以外に選択の余地のない標準書式契約における「恣意的な契約条項，クラス・アクションやクラス・仲裁の放棄，そして，裁判管轄条項の選択」によって蝕まれるのである。この他，標準書式契約によって脅かされうる重要な権利としては，表現の自由に対する権利（たとえば，秘密保持契約書や，大学が実施を認める研究に関する研究者との契約書）やプライヴァシーに対する権利（たとえば，ユーザーがオンライン上にアップした情報やイメージの利用を企業側に認めるフェイスブックやインスタグラムの標準条項）がある。

　裁判所や立法者（あるいは，ラディンを除いた！学者たち）は，未だに企業が用いる標準書式契約によって持ち出される民主主義への挑戦という問題に向き合っておらず，放棄に関する今の法的取り扱いでは，こうした問題に適切に取り組むには程遠いと言ってもよかろう。『ボイラープレート』第 9 章において，ラディンは，裁判所，立法者，あるいは公的団体が「背景的権利の放棄」の無効を宣言できるか否かを決定するにあたっての「分析的枠組み」を示している。そうした決定を下すにあたって注目されるべき主要な観点として，「①剥奪された権利の性質——つまり，権利が重大なものであればあるほど，当該権利の放棄を無効とすべきとする判断は説得力を増す——，②受け手の同意の質——つまり，特定の権利を放棄するにあたって，受け手が幸福であればあるほど，放棄を無効としなくてもよいとする判断は説得力を増す——，③受け手の『背景的権利』に取って代わるスキームの社会的浸透度——つまり，他の取引を選ぶことによって放棄を避ける可能性が困難になればなるほど，放棄を無効とすべきとする判断は説得力を増す——」の三つを挙げている。

4．フォールアウト

　何を購入することができ，何を売ることができるかについて，多くの法が制限を置く一方，こうした制限の存在は，この制限を超えて人々が契約を締結しようとすることから生じる結果についても，法が対応しなければならないことを意味している。たとえば，AがBに対して，Bと性的交渉を持つことと引き換えに100ポンドを支払うことに同意したと仮定しよう。さて，以下の場面を考えてみよう。（1）AはBに前金を払ったが，BがAと性的交渉することを拒絶した。（2）BはAと性的交渉を持ったが，AはBに同意していた金額を支払うことを拒んだ。Bは，Aとの性的交渉というサービスについて合理的な対価の支払いを求めて訴えることができるであろうか。（3）BはAと性的交渉を持ち，AはBに100ポンドを支払った。その後，AはBに対して金銭の返還を請求しようと決意した。これは可能か。

　これらの問題を処理するにあたって，**執行できない契約**と**無効な**契約の意味の違いは大きい。執行不能な契約とは，裁判所は執行について何もしないが，もし部分的あるいは完全に効果を持ってしまったとしたら，それを元の状態に戻すということもしないというものである（*Maddison v Alderson*（1883）8 App Cas 467, 474）。無効な契約とは，全く法的効果を有さないと考えられている契約を指す。先の段落で述べた性的交渉についての契約は，執行できない契約であって，無効な契約ではない。このことが意味するのは，第3のシナリオにおいて，Aは，返金を求めてBを訴えることはできないということである。裁判所は，AB間の契約をなかったことにする理由を見いださないからである。これに対して，第1のシナリオにおいては，Aは返金を求めて請求することができる。この場合には，Aが取引をしたものを得ていない——専門的に言えば，**約因の完全な破綻**をこうむった——という事実によって，裁判所は，Aが返金を受けられるよう介入するための実質的な理由を得ることができるのである。それでは，第2のシナリオについては，どうか。この場合には，性的交渉は市場において不可譲なものであるということを確実にするために，裁判所はBに対して救済措置を与えることはできない。Bに対して合理的な対価の支払い請求を認めるならば，AはBと

の性的交渉に対して支払いをするという AB 間の合意を執行したに等しくなってしまうからである。

　この場合，もし AB 間の「契約」が**無効**であったとしたら，法的効力は一切ないということであるから，第 3 のシナリオの結果は変わっていたかもしれない。無効な契約の下で支払われた金銭は返還が可能であり（*Westdeutsche Landesbank v Islington LBC*［1994］4 All ER 890, 929)，このことは，たとえ金銭と引き換えに，支払者がすでに何かを得ていた場合でも同様である（*Guinness Mahon v Kensington & Chelsea RLBC*［1999］QB 215)。しかしながら，無効な契約において支払われた金銭は（当然のことながら，その見返りとしてなされた履行行為の価値を適切に考慮した上で)）返還されなければならないとする法には，例外がある。その一例が，契約が無効となった理由が，契約の履行が犯罪行為にあたる場合である。こうした場合，金銭の支払いを受けた被告と支払いをした原告は，等しく，犯罪的な契約をしたことについて非難に値するため，被告は，原告の金銭を保持することが認められるであろうというのが，伝統的な法である。ラテン語で，*in pari delicto potior est conditio defendentis*（両当事者が等しく非難に値するときには，被告の立場がより強くなる）と言われる。このため，*Parkinson v College of Ambulance Ltd*［1925］2 KB 1 判決において，パーキンソン大佐は男爵の称号を得るために被告であるチャリティ団体に支払った 1 万ポンドの取戻しができなかった。なぜなら，パーキンソン大佐とチャリティ団体との契約は刑法上の賄賂の支払いに関わっており，また，パーキンソン大佐は疑わしい契約に関わったという意味で，チャリティ団体と少なくとも等しく（実際には，大佐の方がよりひどく）非難に値したため，チャリティ団体の立場が優先し，パーキンソンの金銭を保持することが認められたのである。

　以上が，違法性を理由として契約が無効となった場合の，金銭の取戻しに関する伝統的な法の立場である。しかしながら，こうした立場は，今や最高裁判所の2016年の判決によって覆されている。*Patel v Mirza*［2016］UKSC 42 判決において，ミアザはペイテルに対して，王立スコットランド銀行（RBB）に関する政府の公表を，前もって知らせることができると話した。それは，同銀行の株価に影響を与えうるものであった。ペイテルはミアザに

対して62万ポンドを支払い，ミアザがそうしたインサイダー情報を用いてペイテルのために同銀行の株を購入できるよう計らった。これは，明らかに違法行為であり，刑法上のインサイダー取引にあたる。ミアザはペイテルから金を受け取った後，何もしなかった。さらに，返金もしなかった。ペイテルはミアザに対して金銭返還訴訟を起こした。伝統的な「双方有責（in pari delicto）」ルールにしたがえば，ペイテルの訴えは棄却されるべきものであった。なぜなら，犯罪計画に加担している点でペイテルはミアザと同様に非難に値しており，裁判所が同ルールを適用するならば，当事者間の位置づけに介入することを拒絶したはずだったからである。しかしながら，最高裁判所は，全員一致で，ペイテルはミアザに対して62万ポンドの返還請求ができると判示した。しかしながら，最高裁判所の判事たちは，その理由については一致していない。

　トールソン（Toulson）判事は，多数意見（9人中4人の最高裁判事が賛同。さらに，ニューバーガー判事もほぼ同意見）を述べた。それは，ペイテル事件における主張は，単にペイテルがミアザとの間で違法な取引に関わっていたというだけで，「機械的に」棄却されるべきではないと判示するものであった。では，代わりに裁判所は何をすべきか？

　トールソン判事の判示部分において，最も重要なのがパラグラフ99と101である。パラグラフ99において，トールソン判事は，原告の請求が違法性を理由に棄却された事案の背後には，「二つの大きく異なる政策的理由が存在している」と述べた。それらは，第一に，人は，「己の不正な行為から利益を得る」ことはできないことを確実にしたいという意図であり，第二に，法は「一貫性があり，自滅的でなく，右手で取ってきた物を左手で渡すといった違法を許すものであってはならない」ということを確実にしたいという意図である。パラグラフ101では，トールソン判事は，「違法性によって幾分汚れた請求を認めることが，法制度の高潔性に害を与えうるとして公共の利益に反するかどうかを判断するにあたっては，以下の3点を必ず考慮しなければならない。①違背されてしまった禁止の目的は何か，逆に，②当該主張を否定することによって効果がなくなったり，弱まったりする公序が他にないか，を考慮すること，③比例性の感覚を忘れて法をいたずらに適用するとや

りすぎが起こる可能性に常に注意を払うこと，である。」と述べている。この中で，傍点で示した部分については，パラグラフ99で明示された「政策的理由」を意識したものであろう。

　この見方が正しいとすれば，トールソン判事は，裁判所としてはまず第一に，パラグラフ99で示された政策的理由が，違法性によって汚れた主張を拒否する根拠となるかを見るべきであるとする。次に，なると判断した場合には，当該請求の棄却が，①本件において侵害された法の目的と矛盾するものとなっていないか，あるいは，②他の公序と衝突するものとなっていないか，あるいは，③原告の利益に過度な負担を与えるものとなっていないか，を精査しなければならない，とする。トールソン判事による判示をこのように解釈すると，ミアザに対するペイテルの請求を棄却すべきでないと多数意見が考えた理由を，容易に理解することができる。（ペイテルとミアザの契約が無効であることや，支払った金銭に対して得たものが何もない点で約因が完全に破綻していることを根拠として）ペイテルの請求を認めても，彼が自らの不正な行為によって利益を得ることはなく，かつ，法（特に，インサイダー取引に関する法）の整合性を崩すこともないと思われるからである。

　他方，少数意見を構成した3人の最高裁判事は，違法性を理由としてペイテルのような主張を棄却すべきかについて，より機械的なアプローチをとった。こうした請求が棄却されるべきであるのは，原告が請求を行うために違法行為を行ったという事実に基づかなければならない場合（例　誰かを射殺した見返りとして合意した金額を請求するために，暗殺者が暗殺を実行する場合）か，あるいは，当該請求を認めると，違法な合意に効果を与えるという不当な立場に裁判所を陥れ，その結果，法の一貫性を崩してしまう（これは，暗殺者の請求を棄却する他の根拠となりえよう）場合に限られるとしたものである。この点，ペイテルによる返金請求は，違法な目的のために金銭を支払ったという事実に基づかずに行うことが可能である。単に，「ある仕事をしてもらうためにミアザに62万ポンド支払ったのに，彼はしなかったのだ」というだけでよいのである。また，ペイテルがミアザに対して金銭の返還を求めて訴えることを認めることによって，ペイテルがミアザと行った違法な合意の効果をなかったことにすることは，たとえ少数意見を構成した裁判官たち

がペイテルのミアザに対する請求は認められるべきとしたとしても，違法な合意に効果を持たせるということには全くならない。

いずれの見解に立っても，*Parkinson v College of Ambulance Ltd* 判決は，最近の判決の方向性とは全く異なるもののように思われる。もちろん，パーキンソン氏は，男爵の称号を得られなかったという事実について損害賠償請求を認められることはないであろうが，*Patel v Mirza* におけるすべての判事が，パーキンソン氏は，被告慈善団体に「寄付した」全額の取戻し請求を認められるべきであったという見解を支持している。ニューバーガー判事にいたっては，パーキンソン判決は誤りであり，破棄されるべきとまで述べている。トールソン判事は，「あらゆる種類の賄賂は，憎むべきものであり堕落をもたらすものである。しかし，その取戻しを拒むことが公共の利益にかなうということにはならない。今日，賄賂がある政党に支払われたことが知れ渡ったとしたら，返金させるべきとするより，受け手は保持するべきとする方が，公共の利益に矛盾するとみなされるであろう。」として，多数意見に賛成であることをほのめかした。

しかしながら，もしも，栄誉を得るために賄賂を渡すことができるとし，そして栄誉が得られなければ，賄賂の取戻しを請求できるとするならば，法として何かおかしくはないだろうか。異和感の原因は，裁判所が違法性を根拠に原告の請求を退けうるものとして，トールソン判事の挙げた「政策的理由」リストから，法は人々が違法な合意を結ぶことを奨励すべきでないとする，おそらく最も重要な政策的関心事が落ちている点にある。さらに，栄誉を求めて賄賂を支払っても，栄誉を得られなければいつでも取戻しができるという法的ルールは，人々にそうした賄賂の支払いを奨励してしまう。これとは対称的に，古くからの優先ルールは，栄誉を求めて賄賂を渡した場合には，たとえその栄誉が得られなかったとしても取戻しはできないと効果的に述べており，栄誉のために人々が賄賂を渡そうとするのを（最大限に）有効に挫いてきたのである。つまり，パーキンソン大佐のような人が，もしも，いったん渡した以上，「寄付」の取り戻しはできないということを知っており，しかも，被告の慈善団体は，何もしなくてもその「寄付」を保持することが認められるため，寄付者に見返りを与える動機づけを有さないというこ

とを知っていたとしたら，おそらく，賄賂を手渡して何らの見返りも得ない
という掛けに出るよりも，その金銭を自分の手元に置いておくことを選んだ
であろう。

第6章 贈 与

　イギリス法において，贈与は契約ではない。しかしながら，契約法（及び，その周辺にある法領域）は，贈与の約束について，多くの規定を置いている。たとえば，贈与という言葉は，①たとえ，見返りがない場合であっても法的拘束力を持たせるという約束や，②誰かに対して法的拘束力のある贈与をおこなうという約束，を包含している。以下の最初の３つの項では，契約法において贈与の約束が法的拘束力を有する場合について扱う。最終項では，契約法の上では拘束力を有さない贈与の約束が，他の領域の法において拘束力を有するようになるのはどういった場合か，について考察する。

1．捺印証書

　法は，長きにわたって，贈与の約束を拘束力あるものとするための手段を用意してきた。たとえば，証書によってなされた約束は，たとえその約束に対する見返りがなかったとしても，法的拘束力を有する。こうした約束は，**捺印契約**（*covenant*）とよばれ，捺印契約をなしうることはあまりに古くからイギリス法で認められてきたものであり，現代の契約法を構成している準則や法理が発展するより遥かに以前から存在するものであることから，口うるさい論者の中には，捺印契約は契約ではないという者もいる。だが，そこまで神経質にならず，捺印証書によってなされた約束は契約的に拘束力を有しているとし，捺印証書を作成することによって約束に拘束力を持たせることは，約束はその見返りとして何か――すなわち，約因――が与えられなければ契約的に拘束力をもたない，という準則の例外であるといえばよかろう。

　まさに他の贈与と同様，誰かに対して拘束力のある贈与の約束をするという行為には，華やかさと物々しさが伴っていなければならない。捺印証書が有効とみなされるのは，かつては，作成者によって**署名され** (*signed*)，**捺印され** (*sealed*)，かつ，証書が作成されることによって利益を得る者へと**引き渡され** (*delivered*) た場合のみであった（スティーヴィー・ワンダーの名曲「署名された，捺印された，引き渡された，これで私はあなたのものだ」にある通りである）。これらの要請は，1989年「法改革（雑則）法」によって弱められ，捺印証書への捺印を求める要件は廃止された（同法第1条1項 (b)）。捺印証書が有効となるためには，署名，証人の存在，引渡しに加えて（同法1条3項 (a)），「証書とする意思」が当該書面上明記されていればよいことになったのである（同法第1条2項 (a)）。

　無報酬の（つまり，見返りが求められていない）約束については，形式に基づいて，捺印証書が作成されたときのみ拘束力を持たせることができるという事実から，約因を伴う約束が拘束力を持つのは，捺印証書を作成された約束が拘束力を有するのと同じ理由に基づくものだとする主張を行う論者がある（例　Smith (2004)，232-33頁）。彼らの主張によれば，どちらの場合においても，捺印証書／約因の存在が，ロン・フラーが言うところの形式性が有する三つの機能を果たしている。すなわち，①形式性は，法的拘束力のある約束をしたいと考える者に，そのための手段を与えるという「チャネリング機能」，②形式性は，拘束力のある約束が意図されていたという証拠を与えるという「証拠機能」，③約束に拘束力を持たせるために必要な手続きを長々と行う中で，約束した者が本当に自分はそれを望んでいるのかを考え直す機会を与える「注意喚起機能」である。もし，約束をする際に，これらの機能を果たす形式性が何らかの形で備えられていたとしたら，法的執行力を与えるべきでないとする理由はないと主張されている。さらに，捺印証書に関する法も約因論も両者とも，同様の考えから生じていると主張される。

　おそらくこの理由から，マンスフィールド（Mansfield）判事は，*Pillans v Van Mierop* (1765) 3 Burr 1663 の中で（at 1669），「約因の欠如を理由に約束の拘束力を認めないという古くからの考えは，証拠面でのことに過ぎない。というのも，約束が，捺印契約，証書契約，債券といった形で書き下さ

れた場合には，約因がなくても何ら異議は出されなかったからである」として，「商人間における商業的事案において，約因の欠如は」，約束の法的拘束力の「妨げとはならない」と示唆したのであろう。ウィルモット（Wilmot）判事は，本判決において同一の見解を示している。ウィルモット判事は，「商人間において約束が書き下されたならば，法的拘束力を認めるべきであり，ただの約束（*nudum pactum*：無報酬の約束）に当たるという理由だけで有効性がないとみなされるべきではない。書き下された約束は，不意打ちに対して十分な予防を与えるものであることから，無約因契約を否定する準則は適用されないのである」と判示している。

　しかしながら，*Rann v Hughes*（1778）7 TR 350n において *Pillans v Van Mierop* 判決が受け入れられなかったという事実から，おそらく裁判所は，捺印証書による約束の執行と約因に支えられた約束の執行とを同様には扱っていないのではないか，と一度立ち止まって考える必要があろう。むしろ，エクイティ裁判所は，常に，二つの約束を区別してきたのである。具体的には，（状況によるとはいえ）約束を果たさせるための特定履行命令について，約因に支えられた約束の救済には用いても，捺印証書による約束の救済に用いたことは一度もないのである。この点に関して，本書は，約因に支えられた約束の執行は，捺印証書による約束の執行とは無関係であるという立場をとる。本書第2章ですでに説明したように，約因に支えられた約束が執行されなければならないのは，われわれが洗練された市場経済を享受するためである。他方，捺印証書による約束が執行されなければならないのは，他人に対する贈与の約束に拘束力を持たせることは良いことだからである。この理解が正しいとすれば，法が贈与の約束に拘束力を認めるにあたり，その方法が少なすぎるかどうかが問題となろう。

　この点について，法改革委員会は少なすぎると考え，1937年の詐欺法と約因論に関する第6回中間報告書において，書かれた約束は（商業的なものか否かを問わず）法的拘束力を有すべきとすることが勧告されている。だが，80年後，この立場は，ミンディ・チェン＝ウィスハート（Mindy Chen-Wishart）によって厳しく批判されるところとなる。チェン＝ウィスハートによれば，書くというだけでは，約束の手段としてはあまりに略式であり，

他人に対する約束を拘束力あるものとするには形式性の点で不適切であると指摘する。「書くということは，あまりに日常的な意思疎通手段であり，他の手段に比べて，当事者たちにより慎重に立ち止まって考えさせるというものではなく，また，法的責任を生じさせるものとして意識づけるものでもない。書くことには，携帯電話などの電子端末から送られる日常的な電子メールやショートメールといったネット通信も含まれることを考えれば，この批判は決定的であると思われる」（Chen-Wishart (2016), 88頁）。チェン＝ウィスハートの指摘するとおり，捺印証書のみが，そうした証書を作成してまで法的拘束力のある贈与の約束をしたいという者の意図を確認できる。つまり，「捺印証書を作るということは，常に，意識的な選択でなければならない」，そして，「偶然，捺印証書に拘束されていることに気づくといった事態が起こりにくくしなければならない」（同上）のである。

2．約因による贈与の約束

　裁判所が，約因に支えられているとして最終的に執行する可能性のある贈与の約束としては，以下に示すように複数の異なる場合が挙げられる。

（1）最小限の対価
　法の眼からみて何らかの価値のあるものが約束に対する見返りとして与えられている限りにおいて，裁判所は，当該契約は約因によって支えられているとして，契約的に拘束力のある約束とみなす。その際，裁判所は約因の適切さについては問題としない。「契約当事者は，自ら選んだどのような約因であっても，契約の条件として要求することができる」（*Chappell & Co Ltd v Nestle Co Ltd* ［1960］AC 87, 114（Somervell 判事の意見））のである。その結果，つまらない価値しかないものであっても（例　胡椒の実），約因とみなされうる。「約因として渡される胡椒の実は，たとえ約束を受けた者が胡椒嫌いであって，もらった実を投げ捨てるだろうということが確実であったとしても，約因でなくなることはない」のである（同上）。

　約因は十分なものでなければならないが適切である必要はないという事実

は，こうした法を知る人々が約束に法的拘束力を持たせたいと考える際，非常に容易な手段を提供している。約束をする側がしなければならないのは，約束を受けた側に対して，約束の見返りとして，彼が有している取るに足らないものを渡すように求めることだけなのである。しかしながら，このことは，前節で論じたような，約因が果たす役割とは，どの約束が法的拘束力を意図されたものであって，どれがそうではないのかを形式によって見極めることに留まるといった議論を支えることはない。約因は十分でなければならないが適切でなくてもよいという準則を説明するにあたっては，もしも裁判所が，AのBに対する約束は，Aの約束に対して公正な額（ラテン語でいうところの**公正価格**（*iustum pretium*））を支払わなかったか，支払うという約束をしなかった場合には拘束力を有しないと判示したとすれば，根本的に自由市場の機能を蝕むことになってしまうだろうと考えるとき，より説得的となろう（法がこうした立場をとることについて肯定的な議論については，Smith（1996）を参照）。この点は，2015年「消費者権利法」において認識されているところであり，同法第62条において裁判所に与えられた「不公正」——すなわち，「信義誠実の原則に反し，消費者に損害を与える契約によって，当事者の権利と義務に甚大な不均衡を生じる」もの——と判断された条項を無効にできる権限は，他方で，同法64条が「透明かつ顕著」な条項であり，かつ，「契約の重要事項に関わる」条項であるか「支払うべき金額」に関する条項は不公正とはみなされ得ないとすることによって，制限されているのである。

（2）より多額の支払いをするとの約束

Williams v Roffey Bros & Nicholls Contractors Ltd［1991］1 QB 1において，被告建築業者は，原告工務店に対して，マンション27居室の改装仕事の下請けを依頼した。作業が進むうちに，原告は資金難に陥り，そのために請け負った作業を完成できない可能性が確実となった。その可能性を回避するべく，被告は原告に対して，1居室あたり575ポンドの上乗せ支払いを申し出た。だが，当初の契約より多額の支払いをするという約束（Gunter Treitel の用語では，「増額の取り決め」といわれるもの。Treitel（2002），12頁）

は，法的に拘束力のあるものかという疑問が生じた。

　問題となったのは，より多額の支払いをするという約束の見返りとして原告に要求するものがあったとはいえ，それは，最初の契約において被告が原告から受け取る権利を有していた以上のものではないということであった。もしも，被告が原告に対してポケットの中の釘一本でも引き渡すことを約束していたとすれば，拘束力のある約束となったであろう。しかし，そうではなかった。原告が約束したことは，すでに被告に対して契約上義務付けられていたことを完了するということだけだったのである。そして，裁判所の伝統的な立場とは，Ａが，すでに法的に義務付けられたことをＢのために行っても，法の眼からみて，Ｂが自分の約束の見返りとして得るものに何の価値もない以上，約因提供とはみなされないというものである。これは，*Stilk v Myrick*（1809）2 Camp 317 においてとられた見解である。

　本判決において，契約内容は，ロンドンから，ロシアのクロンシュタットまで航行する船に乗り，さらに，ロンドンに帰港するというものであった。原告は，月額5ポンドの支払いを受けることになっていた。船員2人がクロンシュタットに到着するや否や船を降りてしまった。船長は代わりの船員を補充することができなかった。そこで，船長は，原告と他の船員に対して，2名少なくなったが無事にロンドンに帰港できれば，その2人分の賃金を皆に分け与えると約束した。船は無事にロンドンに到着した。船員たちは追加賃金を要求したが，約因がないとして斥けられた。なぜなら，エレンボロー（Ellenborough）判事が述べた通り，原告の契約が求めているのは，「航行中の緊急時において，何としてでも航行を続ける」ことであり，このことは，当然のことながら，たとえ帰路で乗組員が2名減ろうともロンドンに帰るということを含んでいたからである。

　ＡとＢが特定のサービスに対して100ポンド支払うことを引き受ける契約を締結していた場合，つづいて150ポンドを支払うという約束をしたとしても，ＢがすでにＡに対して引き受けていたのとは異なることを行ったか，あるいは，行うことを引き受けていない限り拘束力を有さないとする準則を批判することは可能である。約因法理が有する機能とは，商業上の約束——市場における約束——だけが契約法によって執行されることを確認すること

にあるとする主張も可能であろう。だが，ＡもＢもすでに契約関係にあっ
たことから，われわれはすでに，条項を変更するために続いてなされた約束
が商業的約束であることを知っていたのである。したがって，こうした約束
に約因論を適用し，その約束に対して新たな約因が提供されない限り，より
多額を支払うとする約束は拘束力を持たないとしたことは，大きな誤りであ
る（こうした方針をとる方についての批判として，Gordon（1990）を参照）。これ
は，*Antons Trawling Co Ltd v Smith* [2003] 2 NZLR 23 において，ニュー
ジーランドの控訴院によって採用された立場である。

　本事案において，被告は，特定のエリアの海が新たな漁場とできる可能性
があるか否かを探るために，原告である船長を雇用した。被告と原告との間
の契約では，新しい漁場を見つけた場合，そこでの漁獲価格の割合にしたが
って報酬を得るというものであった。原告は，こうした契約内容では，新し
い漁場が見つからない場合のリスクに見合う報酬を得られないと考えた。そ
こで，被告は，どこであっても発見された漁場から獲られた魚一匹あたり10
セント支払うという約束をした。ニュージーランドの控訴院は，この２番目
の約束は，たとえ約因が提供されていなくとも，法的拘束力を有すると判示
したのであった。

　イギリスの控訴院は，*Williams v Roffey Bros*（既述）において，より多
額の支払いをおこなうとした約束は契約的な拘束力を有していると認めたも
のの，そうした急進的な立場はとらなかった。控訴院は，建設作業に対して
より多額の支払をおこなうという約束から，被告は「実際上の利得」を受け
ているため，約因は提供されたと認定したのであった（[1991] 1 QB 1, 13）。
ここでの実際上の利得とは，主に，マンションの居室の完成が遅れた場合に
は（依頼主から違約金として［訳者補充］）代金を減額されるという契約の下
で，被告は代金を失わないですんだという形をとっていた。だが，こうした
見解は，*Stilk* 判決と整合性を保ちうるであろうか。あの事案においても，
船長は，残った乗組員たちに立ち去った乗組員の分の賃金を配分すると約束
することによって，利得を得ていたのではなかったか。おそらく，そうでは
ないであろう。というのも，トライテル（Treitel）が述べているように，
Stilk 判決において，船員たちが「立ち去るぞといった脅迫を行った」とす

る証拠はなく，船長の約束は「自発的なものであるようにみえた」のである
（Treitel（2002），21頁）。したがって，*Williams* 判決において約因があるとし
ながら，*Stilk* 判決おいては約因がないと認定したことについて，整合性を
見出すことは可能である。むしろ，*Williams* 判決において，約束を結んだ
ことから約束者が得る利益を根拠として約因を認めたことに対する真の異議
は，たとえそれが約束をした側にとって何の価値もないものであったとして
も約因として認められる（前項参照。*Chappell & Co Ltd v Nestle Co Ltd*［1960］
AC 87 における Somervell 判事による判示）のと同様に，約束をした側にとっ
て価値のあるものであったとしても約因とはならないはずだという点であ
る。したがって，*Williams* 判決において，①被告にとって，原告をマンシ
ョン改装工事に留めておくことに価値があったとして，かつ，②原告を留め
ることについてより多額の支払いを約束することが必要であったとしても
——そのために被告が約束の見返りとして得たものは，すでに得る権限のあ
ったものであり法の眼から見てなんの価値もないものであったことから
——，被告の約束に対する約因を認めることに対する異議は，本件において
説得的に応えられていないのである。

　したがって，どのような約束が約因となりうるのかに関する通説的な理解
を当てはめる場合，*Williams* 判決は誤っていたということになる。控訴院
が，より多額の支払いをするという約束に拘束力を認めたいと考えたなら，
ニュージーランド控訴院の立場をとるべきであり，すでに存在しているビジ
ネス関係の条項を変更するという約束が，契約として拘束力を持つか否かを
決定するために約因法理を適用することは，誤りに他ならないと判示すべき
であったのである。

（3）より少額を受領するとの約束

　さらに，トライテルが名づけたところの「減額の取り決め」——たとえ
ば，A が B に100ポンドを負っているが，もし A が70ポンドを払ったなら
残りの30ポンドについては A を訴えないことについて B が同意した場合
——において，通説が立場を変えることはより困難であった。通説的理解と
は，たとえ B が差額の支払いについて A を訴えないという約束が，B に一

切支払わずに（コストがかかり，他にも債権者が複数いる場合には有効性の低い）法的救済措置に委ねるよりも，A を説得して70ポンドまでは支払わせられるという点で「実際上の利得」を与えるものであったとしても，この70ポンドについてはいずれにせよ B が受領する権利を有するものである以上，約因とはならないというものであった。これが，*Foakes v Beer*（1884）9 App Cas 605 判決において貴族院がとった立場であった。同判決は，さらに古典的な判決として，*Pinnel*（1602）5 Co Rep 117a に基づいている。*Pinnel* 判決の事案においては，債務の全額または一部について訴えないとした約束は，債権者に対して本来受領権限のなかったものを与えることによって約因提供と認めることが可能であると判示された。「馬，鷹，外套などの供与は約因として十分である。支払期日前の債務の一部支払いは，全額の支払いに代える約因として十分といえるかもしれない。異なる機会に一部を支払う場合も，同様である」。しかし，約因とみなすことができないのは，「支払い日当日になって，より少額を支払う」というものである。

　この領域における法が，*Williams v Roffey Bros* 事件における控訴院の判決によって覆されるのか——すなわち，もしも「実際上の利得」がより多額の支払いを行うとする約束にとっての約因となるなら，なぜ，より少なく受領するという約束が約因とならないのか——については，これまでに二度検討されている。一度目は，*In re Selectmove Ltd*［1995］1 WLR 474 事件においてである。本件において，セレクトムーブ社は，内国歳入庁に対して，2万4千ポンドの債務を負っていた。これは，従業員の給料から差し引いた金額を，雇用者がまとめて内国歳入庁へと納入する預かり所得税（PAYE）であった。セレクトムーブ社は，毎月1000ポンドの分割払いで，未払金を皆済するともちかけた。内国歳入庁は，この会社を清算することもできたが，そうすれば債務のほとんどが回収できないと考えたことから実施せず，代わりに，セレクトムーブ社がみずから内国歳入庁に認めさせた新しい支払いの取り決めがうまく機能するか，様子をみることにした。残念なことに，セレクトムーブ社は程なくして支払いを怠ったことから，内国歳入庁は忍耐を失い，同社は1万7千ポンドの未払い債務を負っていると主張して清算を図った。これに対して，セレクトムーブ社は，内国歳入庁は，一括支払いを求め

て訴えないことを約束しており，さらに，会社を清算することよりも支払い
を待つことによってより多くの収入を得る見込みを得ていたという点で，内
国歳入庁は実際上の利得を得ていたことを理由に，約因によって支えられた
約束であると主張した。だが，通説が勝利した。控訴院は，*Foakes v Beer*
判決による先例拘束を受けている（貴族院による判決であることから，*William
v Roffey Bros* における控訴院判決によって覆されることはありえない）として，
本件において内国歳入庁が結んだとされる約束に関して，なんらの約因も認
定できないと判示したのである。内国歳入庁にとって，そうした約束を結ぶ
ことがいかに有利となりえたとしても，そうした約束に対する見返りとして
得ることができたものは，すでに内国歳入庁が受領する権利を有していたも
のを与えるという約束（と，その約束を果たすための幾度かの支払い）に過ぎ
なかったからである。

　他方，同様の問題が二度目に控訴院において審理されたとき，今度は通説
が敗北した。*MWB Business Exchange Centres Ltd v Rock Advertising Ltd*
[2016] EWCA Civ 553 において，ロック社は MWB 社の賃借人であった。
事業上の問題のために，ロック社はすぐさま賃料支払いの遅滞に陥り，MWB
社に負っている未払い債務は総額1万2千ポンドに達した。MWB 社は，ロ
ック社の事業が回復するのを支援する目的で，数カ月間の賃料減額に同意し
た。そうこうしている間に，ロック社が MWB 社に対する債務を清算すべ
く，徐々に元の賃料を超える金額を支払ってくれるようになることが期待さ
れていたのである。だが，残念なことに，そして，まさに *Re Selectmove* 事
件において起きたのと同様に，ロック社の資金難は甚だしいものとなり，減
額変更された賃料の支払いすら滞るに至った。MWB 社は，賃料未払いを理
由にロック社を建物から締め出したとともに，ロック社が負っている債務全
額の一括支払いを求めた。これに対して，Rock 社は，MWB 社は返済を待
つという約束に拘束されていると主張した。さらに，*Foakes v Beer* 判決や
Re Selectmove 判決といった先例があるにもかかわらず，控訴院もまた，ロ
ック社の主張を認めた。控訴院は，A の B に対する債務の一部の単なる支
払いまたはその約束は，B が残りの債務については訴えない，あるいは，残
りの支払いについては待つとした約束に対する約因とはならないとして，両

事案を *MWB* 事案とは区別したのであった。つまり，*MWB* 事案において，MWB 社は，賃料支払いを通してロック社から返済金を手に入れるといった合意の見返りとして一部の支払いを得ていたのみならず，Rock 社との合意を変更することによってロック社を賃借人として契約に留めておくことができ，長いスパンで考えれば，新しい賃借人を探す手間や，空室となって長い間使用されない可能性を避けることができたという点で，Rock からより多くの収入を期待できる地位にあったのであり，「実際上の利得」をも受けていたのである。だが，この区別は十分ではない。*Foakes v Beer* 判決においても，債務者との妥協は債権者にとって実際上の利得となりうると捉えられていた（「損害賠償額の一部のみであっても直ちに支払うことを受け入れることは，全額の支払いにこだわるよりも，有益であると思われる」（Blackburn 判事による判示部分参照））。そうであったとしても，債権者の得たものが債務の一部履行に過ぎない以上，そうした妥協案は，債権者を拘束しないとされたのである。

　最高裁判所は，*MWB* 判決に対して上訴を許可した。だが，金額的にみて，MWB 社が上訴を選択するとは考えにくい。上訴したとしても，最高裁判所は，*Foakes v Beer* で示された通説を再確認して，MWB 社に有利に認定するだろうと考える可能性は極めて低いからである。万一上訴がなされた場合，最高裁判所がとりうる立場として，①控訴院は，*William v Roffey Bros* 判決を適用した点で正しかったと判示する，あるいは，②（おそらくより成功的だが，さらに革新的なものとして）当事者が，互いに有している契約上の既存の権利を変更する取り決めをした場合，そうした取り決めは新たな約因提供がなくても市場取引とみなされるため約因法理の適用はない，と判示することが考えられる（ところが，実際には，MWB 社は上訴した。最高裁判所は，約因をめぐる議論に立ち入ることなく，MWB 社勝訴の判決をした（[2018] UKSC 24）［訳者補充］）。

3．契約による贈与の約束の執行

　契約上の贈与の約束は，通常の方法によって執行が可能である。約束を受

けた者は，損害賠償，あるいは，（その契約に対して，価値ある約因が与えられており，損害賠償を行うのでは十分な救済とならない場合には）特定履行を求めることができる。しかしながら，Cに対して贈与を行う目的で，AとBが契約を締結した場合には，いくつかの問題が生じる。

（1）移転された損失

　最初の問題となりうる状況は，Aが，Cに贈与する意図をもって，Bから商品またはサービスを購入したという場面である。もし，その商品またはサービスに欠陥があることが判明した場合，ここで損失を被っているのはAではなくCであることから，一見すると，AはBから実質的な損害賠償を受ける権利を有さないようにみえる。Bの契約違反の結果としてAが被る立場にあった損失は，AのCに対する贈与の意図ゆえに，Cに移転された。ここで，二つの問題が生じる。第一に，Aが自分の損失のみならず，Cの損失についても損害賠償を得られる方法はあるだろうか。第二に，もしAがそうした損害賠償を得られたとして，AはCに引き渡す必要があるだろうか。

　第一の問題について，控訴院は，*Jackson v Horizon Holidays Ltd* [1975] 1 WLR 1468 判決において，家族旅行の提供者の契約違反によって台無しにされたパック旅行の購入者は，自分自身が受けたストレスや失望のみならず，妻と二人の子供が受けたストレスや失望についても損害賠償を受ける権利が与えられるべきであると判示した。

　同じ頃，*The Albazero* [1977] AC 774 判決において，貴族院は，「商品に関する商業的契約において，両当事者が，契約締結後であって，かつ，商品に損失または損害を及ぼした契約違反の前に，一方から他方に商品の所有権が移転したと期待していた場合には，最初の当事者は，それが両当事者の意図にかなっている限りにおいて，損失または損害の前に，当該商品に利益を有し，または有し得たすべての人々のために契約関係に入ったものとして扱われ，かつ，契約違反によって利害関係者に生じた実際の損害の救済を求める権利を有する」と判示した（Diplock 判事の意見）。ただし，ディプロック（Diplock）判事は，商品の損傷によって実際に損失を被った者が，自分自身

の権利によって，契約違反をおこなった被告に対して，その損害について訴えを起こすことができる場合には適用されないとして，この準則に一つの要件を設けた。

Albazero における法理は，*Linden Gardens Trust Ltd v Lenesta Sludge Disposals Ltd* ［1994］1 AC 85 判決に拡張されることになった。本事案において，A は B との間で，B が C の土地において建物建築その他の仕事を行うために，契約を締結した。もしも B が契約違反をした場合には，実際に損失を受けたのが C であったとしても，B による契約違反を修補するための費用に相当する損害賠償を求めることができるのは，A であるとされた。法理のこうした拡張は，*Panatown Ltd v Arthur McAlpine Construction Ltd* ［2001］1 AC 518 判決において，支持された。ただし，ディプロック判事が示した要件—すなわち，B の契約違反にあたって C が自ら B を訴えることができる場合には，A はもはや実質的損害を理由に B を訴えることはできなくなる—という制限つきであった。こうした制限は，C の土地で B が働くという契約を AB 間で締結した事例において，1999年「契約における第三者の権利に関する法律」の下，C は B の契約違反を理由に直接 B を訴えることができることから，重大な制限となる可能性を有している。

第二の問題に関しては，様相が混乱している。*Woodar Investments Development Ltd vWimpey Construction Ltd* ［1980］1 WLR 277 判決において，貴族院は，*Jackson v Horizon Holidays Ltd* 判決の結果を支持したが，それは，原告である父親に対して，対価として支払ったものを得ることができなかった彼の損失を賠償することを意図するものとして，実質的損害賠償の付与を正当化したものであった。ラッセル（Russell of Killowen）判事は，「［原告は］家族のためにハイランクのパック旅行を購入し，支払いを済ませた。それを原告が入手できなかったのであるから，彼が提供を受けられなかったことによる実質的な損害賠償を得る権限がある」と判示した。この意味するところは，*Jackson* 判決において，父親は，妻と子供の受けた落胆やストレスについても損害賠償を受ける権利を得たということであるが，父親の損失について賠償金が支払われたという形をとる以上，それをどうしようが彼の勝手ということになってしまう。

　他方，ディプロック判事は，*The Albazero*（既述）判決で示された準則の下で，原告が取り戻した賠償金は，被告の契約違反によって実際に損害を被ることになった損傷商品の所有者によって，その後請求できるという点を明らかにした。*Linden Gardens v Lenesta Sludge*［1994］1 AC 85 判決において，グリフィス判事は，夫が建設業者と結んだ契約が妻名義の家の屋根の修理に関するものであった場合に，建設業者が契約違反をしたならば，「夫は，建築業者から修補費用を回復することができ，したがって，建築業者が履行すると約束した取引から法的権利を受けることができる」と判示した。夫の有するこうした回復請求権―しばしば，損害賠償における「履行利益」の請求とよばれる―の正当化は，*Jackson* 判決において貴族院が認めた夫の回復請求権の正当化の論理と似ており，結局のところ，夫に支払われた賠償金は夫のものであって思いのままに処分できるということを示唆しているであろう。*Panatown* 判決において，ゴフ（Goff）判事はグリフィス判事の正当化論理を支持したが，さらに，もしも村の公民館を改装するために建築業者と契約を結んだフィラントロピストが，業者が契約に違反してホールを改装しなかったため，実質的に被った損害についての賠償を得たものの，「ホールの欠陥をそのままにして賠償金をさっさと自分のポケットに入れる」ことができるとは考えにくいであろう，と述べた。そこで，ゴフ判事はこうした事態を避けるため，もしもBの土地における作業のためにAがBから建設業者を中に入れることを許されていた場合には，Aは，「［作業の完成］について義務を負っていなければならない」と主張した。しかしながら，同じ結論に至るより単純な方法とは，治癒費用（被告の違反を修正するのに必要なコストと同額の賠償を指す）は，原告が実際に契約の治癒を意図しないのであれば，与えるべきではないとすることであろう。そこで，ゴフ判事は，修補賠償金の付与にこうした制限を設けることに好意的な多数の先例を引用した上で，この見解についても支持した。

（2）第三者のための贈与契約

　次に，AがCに贈与するという目的をもってBと契約を締結し，BがCに贈与を行うことをAに対して引き受けるという場面について考えてみよ

う。この事例は，先の事案（A が C に与えようと意図している商品またはサービスのために，A が B と契約を締結する例）と同一の問題を生じる。すなわち，B が契約違反を行った場合，その被害者は A であり，その結果，契約違反で B を訴える権限を有するのは A であるものの，B の契約違反によって直接的に損失を被るのは C であるという問題である。

Beswick v Beswick ［1968］AC 58 は，この問題を例証する事案である。叔父ピーター・ベスウィックが炭鉱事業の譲渡を検討するにあたり，甥ジョン・ベスウィックは，叔父が死んだ場合，未亡人となるルースに週 5 ポンド（現在の金銭価値にして，85 ポンド）の手当てを生涯にわたって支払うという約束をおこなった。ピーターが死亡した際，ジョンは一度だけルースに 5 ポンドを支払ったが，それ限りで止めてしまった。貴族院は，ピーターのエステート（遺産財団）は，ジョンのルースへの不払いから何の損失も被ってない以上，ジョンに対して実質的損害賠償を請求する権利を有さないと判示した。その上で，貴族院は，本件における賠償額の不十分さについて，ピーターのエステートが，ルースに対する週ごとの手当支払い義務の履行をジョンに命じる特定履行命令を裁判所に対して求めることができる（この限りで，ピーターが生き返ったような扱いになる），ということを意味していると判示した。幸運なことに，本件において，ルースはピーターのエステートの管理人（遺言執行者 ［訳者注］）であったため，特定履行命令を求める訴えを起こすことができ，彼女自身の権利としては得られなかったものをピーターのエステートを通して手に入れたのであった。

　過去には，裁判所は同様の事例として，A が B に土地を売る際，B に対して，これまで当該土地の一部に住んできた C が今後も好きなだけそこに住み続けることを認めさせる条項を置く事案に取り組まなければならなかった。B が土地を購入後，A との契約に違反して，C を土地から追い出そうとしたとする。そうした場合，C には土地に対する所有権がなく，AB 間の契約を執行する手段もないため，C には B の主張に対抗する抗弁がまったくないようにも思える。しかし，C が土地から追い出されるのを認めることが正義に反する点は，*Beswick v Beswick* の場合と同様である。すなわち，B が見返りとして C に何かを行うことを条件に A から価値あるものを得た場

合，もし，なんらの制裁もなくその条件に違反することが認められたとしたら，Bはただで何かを得た，すなわち，不当利得したことになる。

　こうした問題の解決をめぐって，幾度か行ったり来たりがあった後，控訴院は，*Ashburn Anstalt v Arnold* [1989] Ch 1 判決において，こうした事例において，AB間の契約が純粋にCを利するためのものであり（かつ，単にBに占有者のない土地を与えないことについてAが訴えられないようにするという意図ではなく），Cの占有を認めることについて，Bが購入に際して代金減額を受けていた場合には，Bの「良心」が歪められることになり，「擬制信託」に服すことから，Cを自己所有の土地から追い出すという法的権利を厳格に行使することができなくなる，と判示した。ここでいう「擬制信託」がどのように機能するのかについては，議論の余地がある。筆者は，ここでの擬制信託は，Cが土地に留まることを認める契約条項を執行するAの権利よりも，Cの利益のために生じるものであり，このように考えることによって，Cは自分自身でその権利を執行することが認められると考えるが，こうした見解は批判されてきた（McFarlane (2004) など）。

　こうした事例において生じる問題は，1999年「契約における第三者の権利に関する法律」によって解決された。同法第1条において，契約の第三者たるCは，①AとB双方が，Cは当該条項を執行できると明確に意図していた場合か，あるいは，②当該条項が，明確にCを名指しし，あるいは，一定のカテゴリーに属する者として特定することによって，Cに対して利益を与えることを意図しており，AもBも，Cが当該条項を執行することを意図していないということを明確にはしていなかった場合，Cは，AB間における契約条項を執行することができる，と規定している。もしも同法が1999年より以前にも施行されていたなら，*Beswick v Beswick* や *Ashburn Anstalt v Arnold* で取り扱われた事例における第三者に対して，救済措置を与えることができたであろう。

　たとえば，AがBとの間で，BがCに対して定期的にフィットネスの授業を提供することを契約したような場合など，同法がAB間の契約条項に適用される事案において，①Cが当該条項に「同意した」とBに告げていた場合，あるいは，②Cが当該状況に依拠した行動（例　トレーニング用の衣

類の購入）をとっており，そのことをBが知っていたか，合理的に知り得た場合には，同法2条によって，AもBも当該条項の変更や削除ができなくなる。だが，Cに与えようと意図していた贈り物を撤回せざるを得ないような状況の変化が起こった際，本条はAやBにとって不便となるために，一般的に商業的契約においては，同法が適用されないということを明確にするという事態が生じているように見受けられる。そこで，同法が与えているのは，現実的な解決というよりは，理論上の解決にすぎないということになろう。

4．契約によらない贈与の約束の執行

　前節では，贈与の約束がいつどのように契約法上の拘束力を持ちうるかについてみてきた。本節では，契約法以外の法が，どのように贈与の約束について対応しているかをみていくことにする。

（1）過去の約因

　過去にしてもらったことについて誰かに報酬を払うという約束，たとえば，あなたの命を救ったことに対して1万ポンドを支払うという約束は，拘束力を有さない。あなたの約束は，私の命を救ったことに対する「見返り」としてなされたものだったとしても，「約因」と約束の順番が逆だからである。つまり，その約束は約因に対してなされたのであって，約束のために約因が与えられたのではない。約因が先に生じた場合，それは「過去の」約因であって，1万ポンドを私に払うという約束に対する有効な約因とはみなされないのである。

　しかしながら，「過去の約因は，約因としては十分ではない」とするルールの「例外」が一つある。私があなたから依頼を受けてあなたを救助し，かつ，双方が，あなたが依頼をした時に，何かを私にあげることを理解していたとすれば，その後になされた，1万ポンドを私に支払うという約束は拘束力を有する（*Pao On v Lau Yiu Long* [1980] AC 614, 632）。なぜこうなるのか？　あなたが私に1万ポンドを払うという義務は，実際には，性質上契約

ではなく，また，私に1万ポンドを払わなければならないという事実は，「過去の約因は，約因として十分ではない」というルールに対する本当の意味での例外ではないというのが，最もうまい分析である。

　この分析は，さらに以下のように続く。もし，私があなたの依頼によってある仕事をおこない，われわれ双方がその際，自分のおこなった仕事に対して報酬を期待していることを理解しているとしたら，あなたは私に対して合理的な金額（ラテン語では，aquantum meruit（彼には彼の仕事に見合うものを））を支払わなければならない（*William Laecy (Hounslow) Ltd v Davis* [1975] 1 WLR 932)。したがって，もし，あなたの依頼があり，かつ，そうすることによって報酬が得られるという理解のもとで私があなたの命を救う際には，あなたは，私がおこなったことに対して合理的な金額を支払う義務がある。その後，あなたが私に1万ポンドを支払うと約束した場合，それこそが，あなたが命を救うことに対して支払うべき合理的金額を算定するにあたって裁判所が最も求める証拠となるのは言うまでもない。

　こうした義務は，本質的に契約上のものではない。論者の中には，仕事を依頼する際に相手に対して暗黙のうちに合理的な対価を支払うことを約束しているということを根拠として，これを契約的義務と捉えるものもあるが，黙示の約束は，契約上の義務を生じさせるには，あまりに虚構的かつ不明確である。むしろ，こうした義務は契約法の外にあり，契約法において得られると期待していたかもしれない救済を得られないことで，不当に扱われたと感じる者が生じないよう存在していると考えるのが，よりよい見解であろう（Mcfarlane and Sales（2015），632-33頁）。

（2）約束的禁反言（エストッペル）

　禁反言（エストッペル）の概念は，もともとは証拠法を起源としている。「エストッペル」という語は，ノルマン・フレンチから来ており，estoupail はコルク栓を意味していた。証拠法においては，エストッペルに服している者は，裁判所での発言を禁じられていた。したがって，もしあなたが法廷の外においてFは真実であると供述し，私がその供述を信頼したとすれば，あなたは供述によるエストッペルに服していることから，法廷での手続きにおい

て，F は真実であるということをもはや否定することはできないのである。

　こうしたエストッペルに関する法理は，証拠法を超えて，債務法にも大いに浸透するところとなり，いくつかの事案においては，単に妨げるのみならず，強制的に一定の行為をさせることにも用いられるようになっている。そのきっかけを作ったのが，*High Trees* 事件の第一審判決（*Central London Property Trust Ltd v High Trees House Ltd* [1947] 1 KB 130）におけるデニング判事（当時は，第一審裁判所判事）である。原告である Central London Property Trust Ltd（以下，CLP 社）は，1937年に，ロンドン中央地区に位置するマンションの 1 区画の全てを，被告 Hight Trees House Ltd（以下，HTH 社）に対して年間2500ポンドの賃料で貸し出していた。HTH 社は，それぞれの部屋を，個別に賃借人に転貸していた。第二次世界大戦が勃発し，ロンドンは夜襲攻撃を受けるところとなり，多くの賃借人（転借人）が引っ越していった。その結果，HTH 社は，年間2500ポンドの賃料を払う余裕がなくなってしまった。1940年，HTH 社は CLP 社に交渉をもちかけ，ロンドンが空襲を受けている間，賃料を年間1250ポンドに下げることが合意された。大戦終結までの間に CLP 社は債務整理下におかれ，管財人は，以下の事実について，裁判所に判断を求めた。①賃料を年間2500ポンドに戻すことは可能であるか，②可能であるとすれば，CLP 社が支払わなくてよいと合意した，1940年から1945年までの未払金について，HTH 社に支払請求することは可能であるか。

　まず第二の点について，デニング判事は，*Foakes v Beer*（1884）9 App Cas 605 判決が指摘した問題に直面した（本書，119頁〔訳者注〕）。HTH 社が年間1250ポンドを支払うならば，残りの半額については支払い請求しないとした CLP 社の合意は，契約法上は CLP 社を拘束していないという点である。*MWB Business Exchange Centres Ltd v Rock Advertising Ltd* 事件における控訴院判決（*MWB Business Exchange Centres Ltd v Rock Advertising Ltd* [2016] EWCA Civ 553）とは異なり，デニング判事は，HTH 社の賃料を減額するという CLP 社の合意について，CLP 社による約束が結果的に生み出す「実際上の利得」の付与（実際のところ，もし CLP 社が厳格な権利行使に頑固にこだわったならば，HTH 社は契約の継続を拒否したかもしれないが，合意によっ

てCLP社は少なからず賃料を得られ続けることができたのである）という形で約因があったとすることによって，*Foakes v Beer* 判決を損なうようなことはしたくなかったのである。そうではなく，デニング判事は，エストッペル法理を用いて，*Foakes v Beer* 判決を迂回したのである。しかしながら，これによって，デニング判事は問題に直面した。それまで，エストッペル法理とは，純粋に証拠法に関連するものであると考えられており，ある事実が真実であるということを法廷で否定することを禁じるために用いられるだけのものであったのである。しかしながら，本件における事実に関する限り，CLP社の破産管財人が否定したいと思われた事柄は何もなかった。破産管財人は，HTH社に対して約束がなされたことについては躊躇なく認めていたのである。問題は，その法的効果とは何かである。

　そうであるからこそ，デニング判事は，*High Trees* 判決においてまず，確立したエストッペル法理の下では，本事案にエストッペルを生じさせるようなものは何もないことを認めることから始めたのであった。CLP社が行ったのは，「将来に関して，賃料の全額は請求せず，減額された額のみとする」という表明のみであり，「そうした将来に関する表明は，契約として具体化されておく必要があり，それがない以上，エストッペルを生じさせないと思われる」からである。しかしながら，デニング判事は，「厳密な意味ではエストッペルの事例ではない」多くの事案が，「拘束力を有することが意図された約束，それに従って行動されることを意図され，実際に行動された約束」は，約束をした当事者が，約束された者に対して訴えを起こすことによって「矛盾した行動をとる」ことは許されないという意味で，「重んじられなければならない」ということを確立してきた，と判示した。「この意味で，そしてこの意味でのみ，そのような約束はエストッペルを生じるのである」。つまり，**約束的エストッペルとは**，約束をした者に対して，権利行使を厳格に行わないという約束を反故にすることを禁じているのである。

　約束的エストッペルは，*Combe v Combe* [1951] 2 KB 215 において原告の助けとはならなかった。本事案において，原告である元妻は，自分に扶養料として年間100ポンド支払うという約束を元夫が反故にすることは禁じられている，と主張した。デニング判事は，約束的エストッペルは誰かを訴え

る根拠として用いることはできず，単に，厳格に法的権利を行使しないという約束に反して，権利行使を主張することを妨げるためにのみ用いることができると判示した。つまり，*Combe* 事件の法廷弁護士による良い言い回しによれば，約束的エストッペルは，「楯として用いることができるのであって，剣として用いることはできない」のである。

　しかしながら，約束的エストッペルは，*Hire Trees* 判決には適用されたのである。本件において，CLP 社は，法的には HTH 社が負っている賃料を請求しないという約束を，非良心的に違えようとして妨げられたのであった。ここで，CLP 社の権利行使を非良心的なものにしたのは何であろうか。その理由は，*High Trees* 事件において，HTH 社が CLP 社からアパート一棟のリースを続けたこと，また，CLP 社から賃料として受け取ると示唆された年間1250ポンド以上の金額を負っていないということを前提として，あらゆる金銭的な決定が行われたということだけではない。HTP 社が CLP 社の約束を信頼していたという事実に加えて，そうした信頼に基づいて行われたこれらの行為は，もはや元に戻せないという事実が，CLP 社の権利行使を非良心的なものにしたのである。したがって，約束的エストッペルの法理は，もし，A が自分の翻意を B に十分に前もって知らせており，B が A の約束を信頼しておこなった行為を撤回することができたとすれば，B に対して法的権利を厳格に行使しないとした約束を A が破ることを妨げるものではない（*Ajayi v R T Briscoe (Nigeria) Ltd* [1964] 1 WLR 1326）。この意味で，そして，この意味でのみ，約束上のエストッペルは，誰かの厳格な法的権利を「消滅させる」のではなく，「保留する」ものだという言い方は正確である。

　ここで，第一の問題に戻ると，CLP 社は，年間2500ポンドの賃料へと戻すことができるであろうか。この点について，デニング判事は，簡潔に，CLP 社の「約束は，両当事者によって，アパートが部分的にしか借り手がついていないというその当時の状況下においてのみ適用され，それを超えて拡大されることはない，と理解されていた」と認定した（[1947] 1 KB 130, 135）。したがって，「1945年初頭までには」，年間1250ポンド以上の賃料を求めないとする約束はもはや適用がなくなり，したがって，それ以降，賃料を

元通りまで上げることを妨げるものは何もない。約束上のエストッペルは「保留的であり，消滅的なものではない」という考え方に鑑みて，CLP 社が賃料を元通りに上げることができることについては，説明するまでもない。だが，実際は，より単純な話である。約束上のエストッペルは，約束したことのない事柄について，権利行使を妨げるものではないということである。

（3）所有的禁反言（エストッペル）

　約束的エストッペルは楯としてのみ機能し，剣としては機能しないという考え方は，*Crabb v Arun District Council* [1976] Ch 179 判決において，緊張を強いられるものとなった。本事案において，原告は，自分の土地の半分を売却した土地所有者であった。その土地には，彼の土地へ出入りする唯一の場所が含まれていたが，原告は，隣地にある被告の所有地を自分が通過して残りの半分の土地へ出入りすることを認めるであろうと思い込んでいた。別の言い方をすれば，原告は，地方自治体当局は，自己の土地に出入りできるよう自分に地役権を設定してくれるだろうと思っていたのである。ここで，「だろう」という言葉が重要になる。というのも，*Crabb* 事件において，われわれは約束と期待の話をしており，表明の話はしていないからである。これらの約束と期待は，当局が所有地の周りに垣根をめぐらし，原告がそれまで自己の土地に出入りするために通っていた溝を埋めてしまったことで，すぐさま失望へと変わった。原告の土地は「袋地」となり，6 年もの間，原告が被告を訴えるまでその状態が続いた。

　どのようにして，原告は当局を訴えることができたのだろうか？　原告は，当局が，所有地に地役権を設定することを約束してくれたと思っていた。しかしながら，たとえそのような約束が行われていたと立証することができたとしても，約因の提供がない本件において，被告がそうした約束に拘束されているということを原告はどのようにして主張できたのであろうか？原告は，怯まなかった。当局が約束を破ることを妨げるべく，エストッペル法理が適用されると主張したのである。

　判決を下すにあたり，デニング判事は，「原告代理人のミレット氏がエストッペル法理を持ち出した際，私は少し驚いた。なぜなら，通常，エストッ

ペルは，それ自体が訴訟原因になることはないと考えられているからである。しかしながら，それは，エストッペルにもいろいろなものがあるためである。エストッペルの中には，訴訟原因を生じるものもあれば，そうでないものもある。エストッペルの中でも，所有的エストッペルと呼ばれるものは，訴訟原因を生じるのである」と述べた。その上で，デニング判事は，当局に促されて地役権を与えてくれるだろうと期待した原告の信頼，そして，期待に背いた当局の行為が原告に及ぼした結果によって，所有的エストッペルが本事案に適用され，その結果，原告は当局の土地に地役権——しかも，無償の地役権——を有していることを主張できる，と認定したのであった。

　このように判決するにあたり，デニング判事は，ルビコン川を渡ってしまった。*Crabb* 判決以前の所有的エストッペル法理は，被告が原告に被告の土地に権益を有していると信じ込ませ，被告の土地に建物を建てるなど原告がそうした信頼に依拠して行動したような文脈において，原告が被告に対して訴えを起こすために用いられたものばかりであった。そうした事案においては，もし被告が原告を土地から退去させたとすれば，原告は，被告は原告を不正に追い出したとして訴えることになろう。もしも被告が，「私の土地から追い出しただけである！」と主張しようとしたならば，原告は，被告に対して，「私が被告の土地にいた際には被告は異なることを言っており，だからこそ私は当該土地に権益を有していると信じて行動したのであるから，被告の主張は認められない」として，所有的エストッペルを持ち出すことができよう。こう主張することによって，被告は，原告に対する唯一の抗弁を奪われ，原告の主張が認容されるのである。これに対して，被告が原告に対して自分の土地に何らかの権益を与える約束に違反したことを訴える際に，原告がエストッペル法理を持ち出すことは，これまでの判例にはなかった事態であり，契約法のパトリック・アティア教授が *Crabb* 判決について，「契約ではない合意が執行可能となるのはいつか？　衡平法か？」とする判例批評を書く契機を招いたのである。

　ルビコン川を渡るにあたり，デニング判事は，今でも奮闘が続く緊張を法の中に生じさせてしまったのである。

（第一の緊張）

　契約法上の約束ではないにもかかわらず訴えることができるのは，土地
に対する権益を誰かに与えることを約束したときのみである，とする法を
擁護することは，難しいように思われる。というのも，土地について特別
なことは何もなく，したがって，土地に関連する約束に限って訴え可能と
する理由はない。オーストラリアの高等法院は，*Walton Stores（Interstate）
Ltd v Maher*（1988）164 CLR 387 判決において，このように結論し，約束
的エストッペルは，盾であって剣ではないという準則を一掃したのであっ
た。代わって，本判決では，新体制が採用されたが，そこでは当初，A
がBに対して約束をして，Bがその約束に依拠したという事案において，
BがAの約束を信頼したために損失を被ることがないようにAに気をつ
けさせるということが意図されていた。実際には，こうした事案におい
て，オーストラリアの裁判所は，Aに対して，自ら行ったBへの約束を
守らせることを要求する傾向をとってきた（Robertson（1996）を参照）。
これに対して，英国の裁判所は，土地が関わらない約束において，「盾で
あって剣ではない」というルールは廃止されるべきという見解にときおり
配慮してきたが（例 *Williams v Roffey Bros*［1991］1 QB 1, at 13（既述）），
真正面から攻撃することについては，*Baird Textile Holdings Ltd v Marks
& Spencer plc*［2002］1 All ER（Comm）737 判決（既述）において，控訴
院によって斥けられた（パラグラフ［38］）。

（第二の緊張）

　法の目的は，契約の存在が書面上の証拠として残っていない限り，土地
所有者に対して，土地に関する権益を与える義務に拘束されているとし
て，契約に基づいて権益付与を請求することを許さないというものであ
る。1989年「財産に関する法律」第2条（1925年「財産に関する法律」にお
いては，第53条1項b）は，原告が，所有者がそう宣言したとして所有者が
有する土地またはその一部が自分のために信託に付されていると主張する
ような事案においても，土地所有者に対する財産上の請求に関して同様の
方針をとっている。これらの法が，土地を放棄したことに合意したことを
立証するかなり明白な証拠がない限り，土地所有者が土地を奪われること

に対して保護的な立場をとっている理由は，土地というものが，通常，人が所有できる最も価値の高い商品だからである。このことは，土地はたやすく放棄されるべきでないということだけではなく，細心の熟考を行った後にのみ放棄されるべきということを意味している。また，土地所有者が，困窮しており，貪欲で不徳な人々の搾取の標的になるということも意味している。

　土地所有者が土地を奪われるのを保護するために法が規定している形式的要求は，原告に不公正に不利を与えることが明らかな場合には，考慮されないこともありうる（「衡平法は，制定法が詐欺の道具として用いられることを許さない」）。他方で，*Crabb* 判決後の所有的エストッペルの法理は，土地所有者と原告との間で頷きとウィンクが交わされたという主張だけを根拠とした請求から所有者を護りたいとする法の趣旨を，完全に損なうようなやり方で用いられる可能性を有している点について，懸念されるべきである。

（第三の緊張）

　Crabb 判決後，所有的エストッペルの法理は，裁判所が処理に困るような悩みの種を生み出してしまった。たとえば，農夫 A が，賃金の割にはあまり働きのよくなかった使用人 B に対して，遺言で土地を残すと話したとする。この約束に促され，B は A のために働き続けた。10年後，A は病気となり，治療費をねん出するために，主要な財産である土地を売却せざるをえなくなった。B は，A の売却を止めるために所有的エストッペルを持ち出すことができるだろうか。所有的エストッペルの法理によれば，B は，「持分」を有利に得るために必要なこと全てを行ってきたのであるから，A は土地所有者として処分することを妨げられるであろう。しかしながら，同時に，裁判所が，B の A の約束に対する信頼が大きなものだったことを理由に，法的には依然として A のものである土地を売ることができないとして，A を死に追いやると想像することも難しいのである。

おそらく，こうした理由により，*Cobbe v Yeoman's Row Management Ltd* [2008] 1 WLR 1752 判決において貴族院は，所有的エストッペル法理を *Crabb* 判決以前の状況に戻し，同法理の利用を，被告の土地に原告が権益を有していると原告を信頼させた表明を被告が否認しようとする場合に限定しようとしたのである。しかしながら，こうした反動的な姿勢は 1 年ともたなかった。翌年に出された *Thorner v Major* [2009] 1 WLR 776 判決において，「通常の」機能が回復され，所有的エストッペルの法理に則って，農場所有者が死後相続させると約束した農場をめぐって，農場労働者の訴えが認められたのである。

（4）約束違反と不法行為法との関連性

Crabb 事件におけるデニング判事の判決は，1959年の法学教員協会 (Society of Public Teachers of Law：現在の Society of Legal Scholars (SLS)) における「聖像破壊者としての道」という奇抜な題名の講演以来，約15年もの歳月を経たものである。講演の中でデニング判事は，ある種の満足感をもって，「エストッペル」と自身が当時名づけた法の発展を概観し，書面による贈与の約束には法的拘束力を持たせるべきだとする法改正委員会の1937年の勧告を採用するかどうか，熟考していた。特に，デニング判事は，「委員会の全会一致の勧告は，これまでのところ，受け入れられてこなかった。委員会の勧告が制定法に反映されるには25年かかるというのは，しばしば言われることである。離婚法の場合もそうであった。もしもこの見方が正しければ，約因法理については，たったあと 3 年だ。」と述べている (Denning (1959)，81頁；再版 (1960)，213頁)。

実際のところ，デニング判事の講演から 4 年後，貴族院は，*Hedley Byrne & Co Ltd v Heller & Partners* [1964] AC 465 判決において，もし A が B に対して B の財産管理の世話をすると約束し，B が A の約束を信頼した場合，**不法行為**（具体的には，ネグリジェンス（過失））で A を訴えることができると判示した。B が A の約束に対してなんの約因も提供していなかったという事実は，B が A を訴えるにあたって，なんの障壁にもならない。その逆である。貴族院は，B が A の約束に対して約因を与えていたとしたら

Ｂは契約違反でＡを訴えることができたであろうという事実を重んじて，Ｂは，Ａの約束（不法行為法学者の間では「責任の引き受け」と呼ばれる）違反を不法行為で訴えることができると判示したのである。

ここで，*Hedley Byrne* 判決を振り返って見るとき，約因法理を弱めようとする根本的な意図が明らかである。なぜそれが完全には成し遂げられなかったのかについては，いくつかの理由が存在する。第一に，*Hedley Byrne* 判決は，他人の財産管理の世話をする約束にしか適用がない。したがって，確実に事がなされるように，厳格責任に基づいて，約束違反で誰かを訴えるためには，契約（と，それに伴う約因）が不可欠なのである。第二に，*Hedley Byrne* 判決は，約束に依拠した行為がなされた場合にのみ適用される。したがって，まだ依拠した行為がなされないうちに誰かを約束違反で訴えたいとすれば，やはり，契約（と，その約束に対して約因を提供したことを示す必要性）が不可欠なのである。第三に，*Hedley Byrne* 判決に基づいて，誰かを約束違反で訴えるために依拠行為や世話の欠如を立証することは，厄介である。契約法に基づいて主張することは，（特に，債務に関する主張が含まれている場合には）より明確で直接的な主張となる可能性がある。

契約法にとっての *Hedley Byrne* 判決の本当の意義は，財産管理を世話するというＡのＢに対する契約上の義務に違反した場合に，Ａには，単に契約違反でＢを訴えるのではなく，**ネグリジェンス（過失）**によって義務違反を訴えるという選択肢を有するという点にあったのである（*Henderson v Merrett Syndicates Ltd* [1995] 2 AC 145）。その理由は，トニー・ウァイア（Tony Weir）が好んで述べたように，*Hedley Byrne* 判決における責任が「契約に相当する」（[1964] AC 465, at 529（Devlin 判事による判示部分））か契約に似た関係に起因しているとき，現実の契約関係以上に契約的関係に似たものは他にないからである。裁判所は，できる限り，ＡがＢを①ネグリジェンスで，あるいは，②契約違反で訴えるか否かを区別しないということを確実にしようと努めてきた。*Hadley v Baxendale* 判決における準則が①に適用されるのは，②に適用されるのと同様である（*Wellesly Partners LLP v Withers LLP* [2016] Ch 529）。そして，1945年「法改正（寄与過失）法」の下，寄与過失の抗弁が②に適用されるのも，同抗弁が①に適用される場合と同様

である（*Vesta v Butcher* [1988] 3 WLR 565）。ただし，裁判所が取り去ること
のできなかった相違点は，1980年「時効法」下で，AがBをいかに早く訴え
なければならないかである。つまり，出訴制限期間について，Aが契約違
反でBを訴えるならば，契約違反があった日から6年間であるが，Aがネ
グリジェンスでBを訴えるならば，Bの違反がAに出訴可能な損失を最初
に与えた日から6年間となる。この程度で，契約違反よりもネグリジェンス
で訴える方がAにとって有利ということになる。

　Hedley Byrne 判決や，約束的エストッペルや所有的エストッペル法理の
領域における同様の判決は，保護に値する贈与約束の受け手を護りたいとい
うもっともな意図が，デニング判事の用語を借りれば，いかに契約法を「横
風によって」転覆させてしまう恐れがあるかを示している（*Combe v Combe*
[1951] 2 KB 215, 220）。なぜなら，もし，法的拘束力を持たせるために約束
を契約上拘束力のあるものにする必要がないとしたら，人々が諸事をまとめ
るために契約法を頼りにしたり，また，そうする中で契約法を構成している
価値や原則に関心を向ける理由はなくなるだろう。契約法はいかにしてこの
緊張——保護に値する原告の保護と，制度としての契約法の尊重——を克服
するのか。これは，21世紀において契約法が直面する最も難しい問題である
ように思われる。

引用文献一覧表

Anderson, E (1993) *Value in Ethics and Economics* (Harvard University Press).

Andrews, NH (2016) *Contract Rules: Decoding English Contract Law* (Intersentia).

Atiyah, PS (1990) *Essays on Contract* (Oxford University Press).

Baird, DG (2013) *Reconstructing Contracts* (Harvard University Press).

Bartlett, J (2015) *The Dark Net* (Heinemann).

Bernstein, L (1992) 'Opting Out of the Legal System: Extralegal Contractual Relations in the Diamond Industry' 21 *Journal of Legal Studies* 115.

—— (1996) 'Merchant Law in a Merchant Court: Rethinking the Code's Search for Immanent Business Norms' 144 *University of Pennsylvania Law Review* 1765.

—— (2001) 'Private Commercial Law in the Cotton Industry: Creating Cooperation through Rules, Norms, and Institutions' 99 *Michigan Law Review* 1724.

Birks, P (1996) 'Equity in the Modern Law: An Exercise in Taxonomy' 26 *Western Australia Law Review* 1.

—— (1999) 'Equity, Conscience, and Unjust Enrichment' 23 *Melbourne University Law Review* 1.

Birks, P and Chin, NY (1997) 'On the Nature of Undue Influence' in J Beatson and D Friedmann (eds), *Good Faith and Fault in Contract Law* (Oxford University Press).

Bridge, M (2004) 'Innocent Misrepresentation in Contract' 57 *Current Legal Problems* 277.

Capper, D (1998) 'Undue Influence and Unconscionability: A Rationalisation' 114 *Law Quarterly Review* 479.

Chen-Wishart, M (2016) 'Reforming Consideration: No Greener Pastures' in S Degeling, J Edelman and J Goudkamp (eds), *Contract in Commerical Law* (Thomson Reuters).

Coase, R (1937) 'The Nature of the Firm' 4 *Economica* 386.

Collins, H (1999) *Regulating Contracts* (Oxford University Press).

—— (2016) 'Is a Relational Contract a Legal Concept?' in S Degeling, J Edelman and J Goudkamp (eds), *Contract in Commercial Law* (Thomson Reuters).

Coote, B (2004) 'Consideration and Variations: A Different Solution' 120 *Law Quarterly Review* 19.

Cross, FB (2005) 'Law and Trust' 93 *Georgetown Law Journal* 1457.

Denning, AT (1959) 'The Way of an Iconoclast' 5 *Journal of the Society of Public Teachers of Law (New Series)* 77.

—— (1960) 'The Way of an Iconoclast' 3 *Sydney Law Review* 209.

Fried, C (2015) *Contract as Promise* 2nd edition (Oxford University Press).

Friedmann, D (1995) 'The Performance Interest in Contract Damages' 111 *Law Quarterly Review* 628.

Gelanter, M (1998) 'The Faces of Mistrust — the Image of Lawyers in Public Opinion, Jaokes, and Political Discourse' 66 *University of Cincinnati Law Review* 805.

Gava, J (2016) 'Taking Stewart Macaulay and Hugh Collins seriously' 33 *Journal of Contract Law* 108.

Gava, J and Greene, J (2004) 'Do we Need a Hybrid Law of Contract? Why Hugh Collins is Wrong and Why it Matters' 63 *Cambridge Law Journal* 605.

Gilmore, G (1974) *The Death of Contract* (Ohio State University Press).

Gordon, JD (1990) 'A Dialogue About the Doctrine of Consideration' 75 *Cornell Law Review* 987.

Harding, M (2016) 'Equity and the Rule of Law' 132 *Law Quarterly Review* 278.

Hedley, S (2004) 'Implied Contract and Restitution' 63 *Cambridge Law Journal* 435.

Hobbes, T (1651) *Leviathan*.

Hohfeld, WN (1913) 'Some Fundamental Legal Conceptions as Applied in Legal Reasoning' 23 *Yale Law Journal* 16.

Hooley, R (2013) 'Controling Contractual Discretion' 72 *Cambridge Law Journal* 65.

Hume, D (1738) *A Treatise of Human Nature*.

Keynes, JM (1936) *The General Theory of Employment, Interest and Money* (Palgrave Macmillan).

Klinck, DR (2001) 'The Unexamined "Conscience" of Contemporary Canadian Equity' 46 *McGill Law Journal* 571.

Macaulay, S (1963) 'Non-contractual Relations in Business: A Preliminary Studey' 28 *American Sociological Review* 55.

—— (2003) 'The Real and the Paper Deal: Empirical Pictures of Relationships, Complexity and the Urge for Transparent Simple Rules' 66 *Modern Law Review* 44.

Macneil, I (1974) 'The Many Futures of Contract' 47 *Southern California Law Review* 691.

—— (1984) 'Bureaucracy and Contracts of Adhesion' 22 *Osgoode Hall Law Journal* 5.

McBride, NJ (2017) 'Rescission' in G Virgo and S Worthington (eds), *Commercial Remedies: Resolving Controversies* (Cambridge University Press).

McFarlane, B (2004) 'Constructive Trusts Arising on a Receipt of Property Sub Conditione' 120 *Law Quarterly Review* 667.

McFarlane, B and Sales, P (2015) 'Promises, Detriment, and Liability: Lessons from Proprietary Estoppel' 131 *Law Quarterly Review* 610.

McMeel, G (2011) 'Documentary Fundamentalism in the Senior Courts: The Myth of Contractual Estoppel' *Lloyds Maritime and Commercial Law Quarterly* 185.

Mises, L v (1949) *Human Action* (Yale University Press).

Morgan, J (2013) *Contract Law Minimalism* (Cambridge University Press).

Oman, N (2012) 'Markets as a Moral Foundation for Contract Law' 98 *Iowa Law Review* 183.

—— (2016) *The Dignity of Commerce: Markets and Moral Foundations of Contract Law* (University of Chicago Press).

Posner, R (1987) 'The Regulation of the Market in Adoptions' 67 *Boston University Law Review* 59.

Putnam, RD (2000) *Bowling Alone: The Collapse and Revival of American Community* (Simon & Schuster).

Radin, MJ (1996) *Contested Commodities* (Harvard University Press).

—— (2013) *Boilerplate* (Princeton University Press).

Raz, J (1986) *The Morality of Freedom* (Oxford University Press).

Robertson, A (1996) 'Satisfying the Minimum Equity: Equitable Estoppel Remedies after *Verwayen*' 20 *Melbourne University Law Review* 805.

Rudden, B (1989) 'The Domain of Contract. 1: English Report' in D Harris and D Tallon (eds), *Contract Law Today: Anglo-French Comparison* (Oxford University Press).

Sandel, M (2012) *What Money Can't Buy: The Moral Limits of Markets* (Allen Lane).

Saprai, P (2013) 'Morality and the Market: Containing the Beast' 9 *international Journal of Law in Context* 279.

Satz, D (2010) *Why Some Things Should Not Be For Sale* (Oxford University Press).

Scott, RE (2004) 'The Death of Contract' 54 *University of Toronto Law Journal* 369.

Simpson, AWB (1975) *A History of the Common Law of Contract* (Oxford University Press).

Smith, SA (1996) 'In Defence of Substantive Fairness' 112 *Law Quarterly Review* 138.

—— (2004) *Contract Theory* (Oxford University Press).

Stevens, R (2017) 'Not Waiving but Drowning' in A Dyson, J Goudkamp and F Wilmot-Smith (eds), *Defences in Contract* (Hart Publishing).

Swain, W (2015) *The Law of Contract 1670-1870* (Cambridge University Press).

Tan, ZX (2016) 'Beyond the Real and the Paper Deal: The Quest for Contextual Coherence in Contractual Interpretation' 79 *Modern Law Review* 623.

Timuss, RM (1971) *The Gift Relationship: From Human Blood to Social Policy* (Pantheon Books).

Trebilcock, M and Leng, J (2006) 'the Role of Formal Contract Law and Economic Development' 92 *Virginia Law Review* 1517.

Treitel, G (2002) *Some Landmarks of Twentieth Century Contract Law* (Oxford University Press).

Waldron, J (1995) 'Money and Complex Equality' in D Miller and M Walzer (eds), *Pluralism, Justice, and Equality* (Oxford University Press).

Walzer, M (1983) *Spheres of Justice* (Basic Books).

Weir, JA (1986) 'Book Review' 45 *Cambridge Law Journal* 503.

—— (1992) 'Contracts in Rome and England' 66 *Tulane Law Review* 1615.

Wilkinson, TM (2011) *Ethics and the Acquisition of Organs* (Oxford University Press).

Worthington, S (2016) 'Common Law Values: The Role of Party Autonomy in Private Law' in A Robertson and M Tilbury (eds), *The Common Law of Obiligations: Divergence and Unity* (Hart Publishing).

—— (2017) 'Penalty Clauses' in G Virgo and S Worthington (eds), *Commercial Remedies: Resolving Controversies* (Cambridge University Press).

Zamir, E (2013) 'Contract Law and Theory: Three Views of the Cathedral' 81 *University of Chicago Law Review* 2077.

判例索引

事項索引

《原著者紹介》

Nicholas J McBride（ニコラス・J・マックブライド）

現在，ケンブリッジ大学 法学部 講師（ペンブロック・コレッジ）

《訳者紹介》

菅 富美枝（すが ふみえ）

現在，法政大学 経済学部 教授，一般財団法人 民事法務協会 理事。

【略歴】

早稲田大学 法学部 卒業

大阪大学大学院 法学研究科 博士前期課程修了

英オックスフォード大学大学院 法学研究科 博士前期課程修了（M.St.）

大阪大学大学院 法学研究科 博士後期課程修了 博士（法学）

武蔵野大学 現代社会学部 専任講師，英オックスフォード大学 法学部 客員研究員，独ベルリン・フンボルト大学 法学部 客員研究員を経て現職。

【主要著書】

菅富美枝『新消費者法研究』（成文堂，2018年）

菅富美枝『イギリス成年後見制度にみる自律支援の法理』（ミネルヴァ書房，2010年）

菅富美枝『法と支援型社会』（武蔵野大学出版会，2006年）

大原社会問題研究所・菅富美枝編著『成年後見制度の新たなグランド・デザイン』（法政大学出版局，2013年）

イギリス契約法の基本思想

2020年9月20日　初　版第1刷発行

原 著 者　　ニコラス・J・マックブライド

訳　　者　　菅　富　美　枝

発 行 者　　阿　部　成　一

〒162―0041　東京都新宿区早稲田鶴巻町514番地

発 行 所　　株式会社　成 文 堂

電話 03(3203)9201(代)　Fax 03(3203)9206
http://www.seibundoh.co.jp

印刷・製本　シナノ印刷
ISBN 978-4-7923-2757-6　C3032

定価(本体2200円＋税)